60歳を過ぎたら面倒ごとの9割は手放す

我慢してばかりの人生から
自由になる54の教え

真言宗　密蔵院住職
名取《なとり》芳彦《ほうげん》

アスコム

重い荷物を背負って、遠い道を歩いてきた。
現状に満足せず、いつも何かを求めてきた。
重くなった荷物を、
そろそろ減らしてもいいかもしれない。
「お疲れさま。ご苦労さま。もういいよ」
と誰かが言ってくれている気がする。

「幸せの扉が一つ閉じると、別の扉が開く。
でも私たちは、閉じた扉ばかりを見て、
せっかく開いた扉を見ようとしないことがある」

これは、ヘレン・ケラーの言葉です。

彼女の言う「幸せの扉」は、
「幸せに通じると思っていた扉」
と言いかえてもいいでしょう。

自分が大切にしていたり、

必要だと思っていたことを手放したり、
しまったりするのは、
自分で一つの扉を閉めるようなもの
なのです。

ところがそのとき、
何もないと思っていたところに、
サッパリした暮らしの扉が開いたり、
窮屈な生き方とは違った
自由な生き方への扉が開いたりします。

この扉は、見つけようと思えば見つけられたし、
開けようと思えば開けられたのですが、
今までの生活になれ親しんできた私たちは、
その扉をわざわざ探して
開ける必要性を感じませんでした。

しかし、自分の生活や生き方に
窮屈さや面倒くささを
感じるようになったら、
一つの扉を閉めて、その場から離れ、

別に開いた扉に
近づいて、
足を踏みいれるのも
いいでしょう。

あるとき、お釈迦《しゃか》さまの弟子が
「お釈迦さまの数々の教えはとても大切です。
私はいつまでもその教えを守ります」
と真剣な面持ちで言いました。
それを聞いたお釈迦さまは
笑って答えます。

「私の教えは、それぞれが
心がおだやかな岸に渡る船のようなものです。
岸に着いたら、船はもう必要ありません。
岸に上がってからも、船をかついでいこうと
しなくてもいいのです」

肩書き
運転免許
仕事
正論
服
家具
不機嫌
家事・片づけ
友達
年齢
介護
孤立
家
墓
夫婦
世間
後悔
ほめられたい
イライラ
我慢
比較
子育て
お金
見栄
損得

これまで、寄り道、道草、
回り道をしながらも、
どうにかたどり着いた人生の最前線。

そろそろ、
閉じてもいい扉が
あるはずです。

そうすれば
自動的に別の扉が開きます。

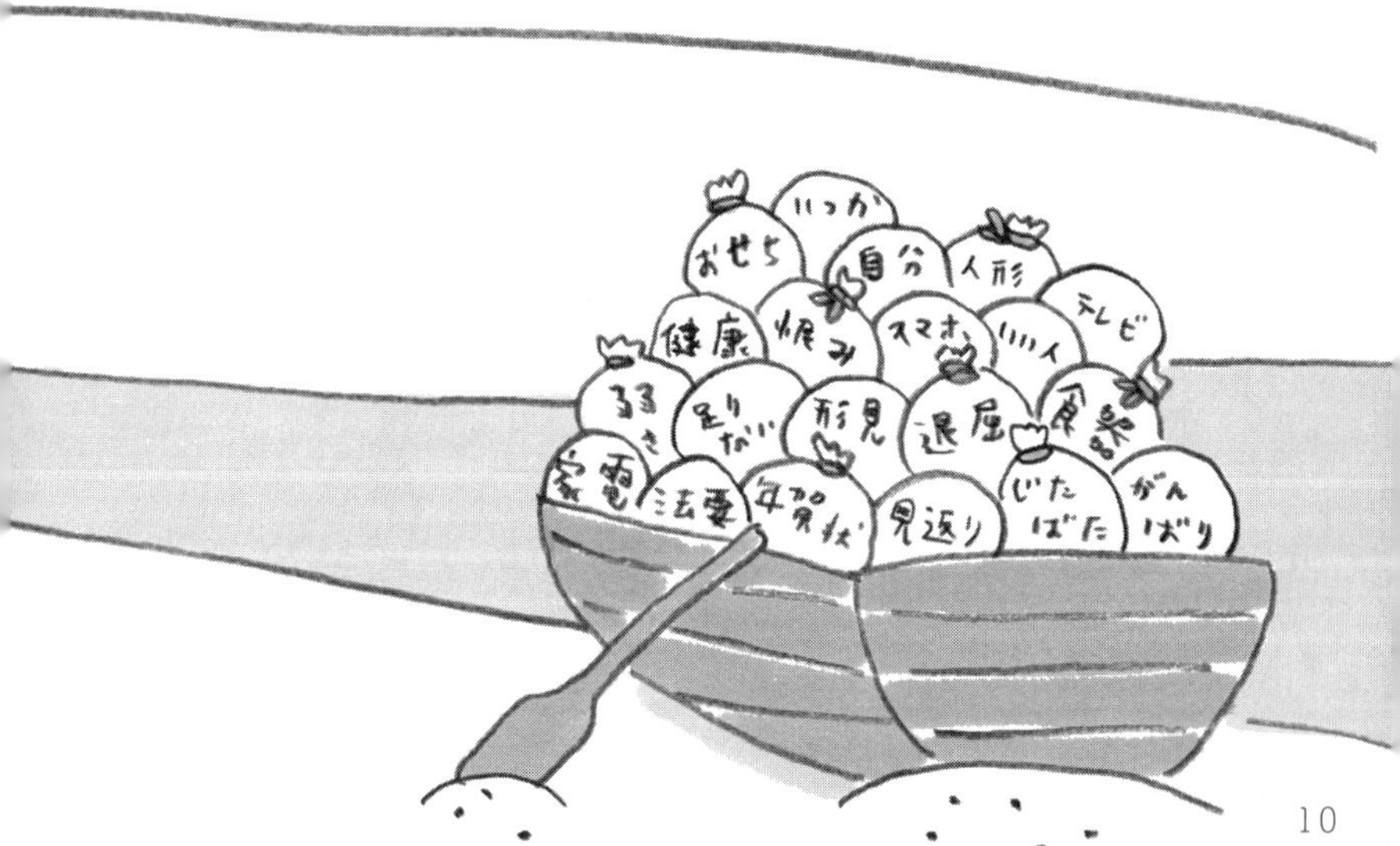

置いていってもいい船もあるでしょう。

これまでお世話になった
物や考え方にありがとうと感謝し、
さようならと別れを告げて、

新しい扉の先にある新世界を、
船を置いて上陸して
歩きはじめる新大陸を、
笑顔で歩んでいこうではありませんか。

はじめに

はじめまして、真言宗 密蔵院《みつぞういん》住職の名取芳彦《なとりほうげん》と申します。

近年、「〇〇じまい」という言葉をよく耳にするようになりました。


私たちはみんな、裸一貫で生まれてきます。

そのとき、あなたはオギャーと泣き、周りは笑顔になりました。

あなたが持っていたのは、命と、生きようとする力だけです。

しかし、成長するにしたがって、よりよい暮らしを求めるようになります。そのために、さまざまなものを集め、蓄えます。

豊かな暮らしを実現させるために、着るものや家具、食器、貯金を増やします。

生活の土台になる家や仕事、運転免許なども必要です。

豊かさの次は、楽で便利な暮らしを求めて、テレビやスマートフォンなどの家電、健康を維持するための健康器具、若さを保つための美容器具などもそろえます。


暮らしの向上だけではありません。

よりよく、より豊かに生きるために、さらに多くのことを身につけます。良好な人間関係を保つために、お中元やお歳暮、年賀状などの季節の挨拶《あいさつ》も欠かしません。

上手に生きていくには世間体も大切なので、いい人になろうとしたり、謙虚でいようとしたり、あるいは、他と比較して自分の立ち位置を確認する作業も怠りません。
我慢することを覚える一方で、損得で物事を考えたり、見返りを求めたりして、自分だけ損をしないように注意します。

このようにしてあなたは、物心両面で多くのものを手にしてきました。裸一貫で生まれたあなたが、成長するにしたがい、身と心にさまざまな装備品をまとってきたと申しあげてもいいでしょう。

思えば、長い道のりです。
親や時代の影響を受けて染みついた、考え方や価値観、努力して得たもの……、どれも生きていくうえで、欠かせないものばかりです。もちろん愛着もあります。

しかし、人生も半ばを過ぎ、老年を迎える頃になると、かつては大切にしていたものの中にも、もう必要のないものが出てきます。それどころか、人生の後半を生きるのに、かえって邪魔になるものもあります。

本当なら、押し入れや棚を整理するように、身につけてきたもののすべてを目の前に並べてチェックし、心身ともに少しでも身軽になりたいところですが、なかなかそんな暇もありません。

仮に目の前に洗いざらい並べたとしても、それぞれに愛着があるので、「これはもう不要！」と切り捨ててしまうのも気が引けます。

仏教では、物事に固執し、とらわれることを執着《しゅうじゃく》と言います。
意味は愛、貪《むさぼ》り、没頭、摂取《せっしゅ》、所有、決断、握るなど多様です。

いつでも、どんなことがあっても、心おだやかでいたいと願う人を導く仏教において、執着は、それを邪魔する（乱す）煩悩《ぼんのう》として扱われます。

執着すれば心が縛られ、離れることができず、同時にそれを失う恐怖から、心がおだやかでいられなくなるからです。

たとえるなら、それは、現金つかみ取りのようなもの。
お金をたくさんつかめば、手が穴から抜けません。
つかんでいるお金を少なくするか、あきらめて放せば手は自由になりますが、「いやだ」と手放せない状態、それが執着です。

執着は「こだわり」と言いかえてもいいでしょう。こだわりがある人の口癖の一つが、こうあるべき、こうすべきという「べき」です（私は〝ベキベキ星人〟と呼んでいます）。「べき」と思っていれば、そうしない人を許せませんから、心が乱れます（仏教の目指す対極の心の状態です）。

あなたがこれまで信条としてきた生き方にも、完璧を目指すべき、好かれるべき、がんばるべきなどの「べき」があるでしょう。でも、いまさら、それらを意識して、「手放す」ことすら面倒に思うかもしれませんね。

本書は、そんなあなたのために書き進めました。面倒ごとの9割は、人生で身に着けてきた「執着」のしわざ。あなたの脳がつくり上げた、形のない幻影です。視点を少し変えてみるだけで、驚くほど簡単に消えていきます。手放せば、確実に心がおだやかになり、フットワークも軽くなっていきます。

「こんなに簡単なことだったのか」と、きっと驚かれるでしょう。

残りの人生を完成させる道にいるあなたが、身につけてきたさまざまな装備品の要不要を見直し、少しでも身軽になり、心おだやかでいられる時間と事を増やしていただこうと考えた、いわば、執着じまい、こだわりじまい、面倒なことじまいの一冊です。

なぜ手放せないのか、
手放すにはどうすればいいか、
そして、手放すとどんな未来が待っているのか、
という流れを基本にお伝えしています。

本書の項目すべてにお別れしましょうという意図はありません。
この中のどれか一つでも、二つでも、しまってみてください。
余計なものを捨て、徐々に裸一貫に近づいていくあなたも、その
うちあの世に逝きます。そのとき、周りが泣き、あなたは笑ってい
られる人生のお手伝いができれば、坊主冥利《みょうり》です。

真言宗　密蔵院住職　名取芳彦

こんなときに「しまい方」が役立ちます

怒りや不安を手放し心おだやかになりたい

心と体の調和を乱し、あなたを支配してしまう怒りや不安。そんな負の感情を手放すことで、毎日がシンプルでおだやかになります。

お金の心配をそろそろやめたい

「将来」のためにコツコツ貯めてきたお金。その将来のただ中にいる今、お金との健全な向き合い方を知れば、不安が消えていきます。

家事や片づけを減らし自分時間を増やしたい

料理や掃除、名もなき家事や片づけを完璧にしようとしたら、とても時間が足りません。上手にしまい、自分時間を取り戻しましょう。

人間関係を見直して大切な人を大切にしたい

親子、きょうだい、友人、ご近所や世間さま……、心を乱すのは、いつだって誰かとの関係です。近づきすぎず、遠すぎず、ちょうどよい心の距離を見つけてください。

あふれた物を整理して心と空間を軽くしたい

生きることは、物が増えていくこと。でも、物があふれて、心までごちゃごちゃしているなら、少し手放してみませんか。ここらで、ためない練習をしてみましょう。

何となく続けている風習を見直したい

古くから続く風習には意味があります。しかし、さまざまな事情で重荷になってしまっているなら、おしまいにして身軽になりましょう。大丈夫、ご先祖さまは怒りません。

大切な人を失った悲しみを癒し、再び前を向きたい

悲しむだけ悲しんだら、その人が喜ぶようなことをして生きていきましょう。「こんな生き方をしてきましたよ」と、いつかまた会えた日に、胸を張って報告できるように。

見栄や世間から自由になり自分らしく生きたい

見栄を張っても、いいことはほとんどありません。誰かと自分を比べても、つまらないだけです。考え方一つで、シンプルに、自分らしく、自由に生きることができます。

とにかく前向きに人生を楽しみたい！

人生も折り返し地点を過ぎたら、重荷を手放して、心おだやかに、笑顔で生きることを考えたいものです。そのヒントを、この本に記しました。笑顔に勝る、化粧なしです。

気にせず、ためず、手放すことに
大きなきっかけはいりません。
考え方を少し変えれば、
違った景色が見えてきます。
さあ、はじめましょう。

プロローグ　3
はじめに　12
こんなときに「しまい方」が役立ちます　20

第1章 人間関係のしまい方

01 夫婦じまい　32
02 友達じまい　36
03 子育てじまい　40
04 喪中じまい　45
05 世間じまい　50
06 不機嫌じまい　54
07 孤立じまい　60
08 色眼鏡じまい　64
09 介護じまい　68

コラム 1 「仏さま」に宿る二千五百年前の智恵を心おだやかに今を生きるヒントにする …… 72

第2章 自分のしまい方

10 我慢じまい …… 76
11 いい人じまい …… 80
12 後悔じまい …… 84
13 正論じまい …… 88
14 謙虚じまい …… 93
15 完璧じまい …… 98
16 じたばたじまい …… 102
17 弱い人じまい …… 106
18 退屈じまい …… 110
19 がんばりじまい …… 114
20 自分探しじまい …… 118
21 年齢じまい …… 123

コラム 2 決めなければ、動けない　お釈迦さまを悟りに至らせた不動の心とは？ …… 128

第3章 欲のしまい方

22 見栄じまい …… 132
23 比較じまい …… 136
24 イライラじまい …… 140
25 損得じまい …… 144
26 ほめられたいじまい …… 148
27 足りないじまい …… 152
28 見返りじまい …… 156
29 肩書じまい …… 160
30 恨みじまい …… 164

コラム 3
あなたと私は同じ
その共通項への気づきが慈悲を育む 168

第4章 習慣のしまい方

31 家事じまい 172
32 片づけじまい 178
33 貯金じまい 182
34 家計簿じまい 186
35 仕事じまい 190
36 運転免許じまい 194

コラム 4
違う意見があってこそ智恵が生まれる
「三人寄れば文殊の智恵」の本当の意味 198

第5章 物のしまい方

37 服じまい……202
38 家具じまい……206
39 食器じまい……210
40 家電じまい……214
41 固定電話じまい……218
42 テレビじまい……222
43 健康器具・美容器具じまい……226
44 スマホじまい……230
45 いつか使う物じまい……234
46 人形・置物じまい……238
47 形見じまい……242
48 家じまい……246
コラム5 周りのすべての人に 自分を育てた恩人として手を合わせる……250

第6章 風習のしまい方

49 年賀状じまい 254
50 お中元・お歳暮じまい 258
51 おせちじまい 262
52 法要じまい 266
53 仏壇・位牌じまい 270
54 墓じまい 274

コラム6 人はなぜ、お風呂に入ったときに「ゴクラク、ゴクラク」とつぶやくのか 280

あとがき 282

第1章

人間関係のしまい方

ご近所、友人、家族。近すぎたり、遠すぎたり。
大切な人を、もっと大切に思えるようになるために。

——お互いを認め合う独立国家のような関係に

01

夫婦じまい

夫は外で働いて生活費を稼ぎ、妻は家庭をしっかり守る良妻賢母。

そんな夫婦のイメージは、今は昔の話です。

経済も家事も対等だったり、婚姻という法律に縛られないパートナーのような関係だったりする若い世代の夫婦関係を見て、「これまでの自分たちとは違う夫婦の形もありかもしれない」と思うことがあるでしょう。

とはいえ、私は、何十年も連れそった夫婦に、まったく別の、新しい夫婦の形を提案するつもりはありません。

今までの夫婦の関係を、少しだけ変化させてみてはどうかと思うのです。

その土台になるのは、〝自分だけ働いてきた〟〝自分だけ家事をしてきた〟という自己犠牲の思いを捨て、**〝あなたのおかげで働けた〟〝家事に専念できた〟という感謝の心**で過ごすこと。これがないと、犬も食わないケンカがはじまります。

江戸時代の侠客《きょうかく》、上州館林の大前田英五郎は**「ケンカというのは、どちらに理屈があろうと、バカを看板しているようなものだ」**と言ったとされますが、自己犠牲のアピール合戦が、この言葉を絵にしたようなドタバタ劇を生むことは、私も何度も経験しています。

夫婦のどちらかが相手に依存したり、強権的になったりしないで、**それぞれが相手の主権を認める独立国家のような関係**を目指すこと、その独立国家同士が貿易をすると考えること、それが私の考える夫婦じまいです。

欄外から一言!

思いやり、尊敬し、感謝して、
「ごめんなさい」と謝る心

貿易の基本は、相手にないものを自分が持っていること、相手がしないことを自分がすることです。「料理は作るから、お風呂掃除は頼んだわよ」「私は買い物に出かけるから、洗濯物は取りこんでおいて」など、お互いのやること、時間、居場所などを交換すれば、良好な貿易関係が成立します。

もう一つ大切なのは、同じ時間、同じ空間を共有する努力を怠らないこと。

仏教では、**何かしら相手との共通項に気づくことから、慈悲（やさしさ）が生まれる**と説きます。私もその通りだと思います。

「あなたはあなた、私は私」と割りきってしまうと、やさしさが発生しないのです。

葬儀の現場にいる坊主として、仲のよい夫婦ほど、どちらかが亡くなったときの喪失感が早く解消することを実感しています。今の夫婦関係を少し変化させつつ、相手をおもんばかった、仲のよい夫婦でいたいものですね。

依存せず、割りきりすぎず
新しい夫婦の形を見つける

——心の垣根のもっとも内側にいる人は、誰ですか？

02

友達じまい

仏教で説く仏さまには、心の垣根がありません。

誰に対しても分けへだてのない「絶対平等」の地にいるからです。

しかし、人間関係の中で生きている私たちがその境地に至るのは、簡単ではありません。

人は幾重にも、心に垣根をはっているものなのです。

もっとも内側の垣根の中にいるのは、ケンカをしても、翌日には何もなかったようにふるまえる人たちです。親きょうだい、親友などがここに入るでしょう。

その外側には、気の合う友人や親戚、同僚や近所の人が入るでしょう。
Aさんには何かしてあげるけど、Bさんにはしないということなら、あなたの心の中で、AさんをBさんより内側の垣根の中に入れているということです。

私は中学生の頃、「友達は財産です。ですから貪欲にためこもうすることをお許しいただきたいのです」という言葉に出合って感動しました（出典は不明ですが、小説か戯曲のセリフでしょう）。

お金などの財産がない思春期の若者にとって、友達は財産であり、増やしていいというメッセージはとても新鮮で魅力的に響いたのです。

大人でも「私は友達が多いほうです」と少々得意げに言う人は少なくありません。「友達の友達は、友達」という言葉もありますが、冷静に考えれば〝友達の友達はただの他人〟です。

欄外から一言！

友達を「ためこもう」としてはいませんか？

それでも、「私の友達の友達が……」とつい自慢してしまいたくなるのは、友達の多さを人間的な魅力の基準のように考えているからではないでしょうか。

しかし、広く垣根をはるような広範囲な人間的つながりは、ときに負担になることもあります。

人脈を仕事などで活かせる現役世代ならいざ知らず、仕事も引退して人生後半に入ったら、**心の垣根別に、一度友達をふるいにかけてみてもいい**でしょう。

垣根のもっとも内側に残すのは、一緒にいると落ちつけたり、楽しい気持ちになれたりする人です。**人生も折り返し地点を過ぎると、垣根のより内側にいる人の存在が、中身の濃い人生を送るために欠かせなくなってくる**からです。

ただし、相手にも相手の「心の垣根」があることはお忘れなく。

ふるいにかけて残った人に対して、友情の押し売りになっていないかどうかだけは、注意を払ったほうがよさそうです。

心の垣根をイメージすれば
大切な人が見えてくる

――いくつになっても心配が尽きないすべての親へ

03 子育てじまい

親離れ、子離れは、いつの時代でも言われる大切なことです。これができないと、親子という粘着性の高い依存関係が続き、ともに自立できないからです。

生まれたばかりの子どもは、親の庇護《ひご》がないと生きていけません。そのために、親は我が身を顧みずに子どもを守り、養います。父母への恩徳を説いたお経『父母恩重経《ぶもおんじゅうきょう》』には、「親は自分が飢えているときでさえ、自分はまずいものを食べ、うまいものは子に与える。乾いた快適な場所に子を寝かせ、自分は湿った不快なところにいる。誠実な心を持っていなければ親ではないし、親でなければ子を養育しない」と、身につまされるような描写があります（一部、母を親に変えてご紹介しています）。

これだけ愛情を注いだ我が子がかわいいのは当たり前です。

そのため、いつまでも守ってあげたいと思い、間違った方向に行かないように導いてあげたくなります。

しかし、これが子育てじまいできない理由ですし、世に言う〝いちいちうるさい親〟が誕生する原因でもあります。

親子の年齢差はいつまでたっても変わりません。

子どもはいつでも、親が生きた年齢を数十年後に生きていくことになります。

欄外から一言!

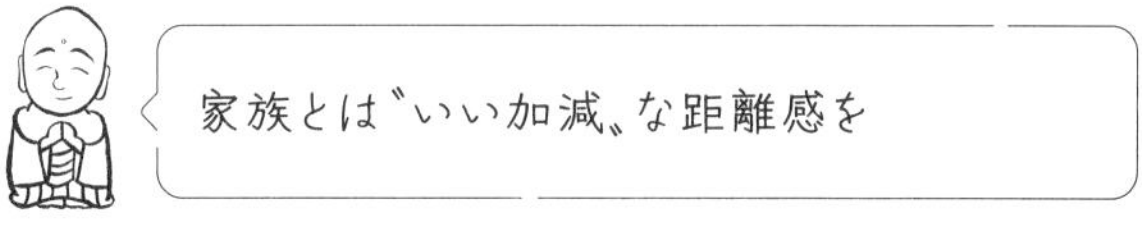

親はそれまでの人生経験から、多くの成功例を体験し、数々の失敗から学んでいます。それをふまえて、人生後半の年齢まで生きてくることができたのです。

その経験から人は、「こういうときはこうしたほうがいい」「こんな場合はこうしないほうがいい」という、その人なりの正攻法（少なくとも間違いのない対処法）を身につけます。

そして困ったことに、**自分の正攻法がある人は、違ったやり方をする人がいると、「いや、そのやり方ではなくて」と、つい自分の正攻法を〝転ばぬ先の杖〟として伝えたくなってしまいます**。

子離れができない親には、こうした傾向が強いようです。

しかし、自分の方法だけが正しいわけではありません。

他に成功する道はいくらでもありますし、子どもは自分でそれを見つけたいのです。

結果的に同じやり方にたどり着いたとしても、**親が自分の正攻法を自らの経験でつかんだように、子どもにも、自らの経験を通してたどり着くその過程を尊重してあげましょう**。

親を頼りにして自立できない子どもは、順当に親が亡くなったとき、途方にくれてしまいます。いつでも親が助けてくれたことが仇《あだ》となり、悲しみからなかなか立ち直れず、自立するのを妨げることが少なくありません。

頼りにしてくれる子どもがいる、そして、頼りにできる親がいるのは、とてもすてきなことです。**問題なのは、親離れができない、子離れができないという共依存、あるいは〝強依存〟**です。

互いが自立し、自由になれるように、強依存のつながりを徐々にほぐしていきたいものです。

欄外から一言!

春秋のお彼岸と盆暮れと、
年四回集まるくらいが丁度いい

いつか自分がいなくなったときのために
お互いに自立した“子育てじまい”を

いくつになっても
親にとって子どもは子ども

だからこそ、
守ってあげたくなってしまう。
それが“強依存”の生まれる理由

――しっかり生きてきましたよと、いつか笑顔で言うために

04 喪中じまい

フランスの哲学者ウラジーミル・ジャンケレヴィッチ（一九〇三〜一九八五）は、人の死を三つに分類しました。

「三人称の死」は知らない人の死。

ニュースで見聞きする死や、葬儀場で行われている誰かのお葬式、町で見かける霊柩車に載っている人の死などです。

「一人称の死」は自分の死です。

蜀山人《しょくさんじん》の号で知られる江戸後期の文人・大田南畝《なんぽ》は、辞世の歌として「今まで

欄外から一言!

いつかまた会う、そのときを楽しみに

は人のことだと思ふたに　俺が死ぬとは　こいつはたまらん」を残したほどで、自分の死はまた別格でしょう。

そして「二人称の死」は、親、きょうだい、子ども、親友などの身近な人の死。喪失感という錘《おもり》とともに、私たちを悲しみの淵に沈ませます。

この二人称の死の喪失感を癒すサポートをグリーフ・ケアと言いますが、古来、その役割は宗教が担ってきました。

死んだ後は、何の不自由もなく暮らせる浄土や天国に引っ越しをすると考える人もいますし、自然に帰（還《かえ》）ると考える人もいるでしょう。先に亡くなった人が待っている場所へ行くとする人もいます。

私のように、生まれる前にいた絶対安心の宇宙の胸懐に帰（環）ると信じている人もいます。

私は、ペット・ロスで苦しんでいる人には、「あなたの保護下から離れた今頃は、あちらの世界で先に死んだ親きょうだいと遊んでいるかもしれません」とお伝えしています。

こうした方法は、どれも、自分を含めて、亡き人が帰る場所をイメージするということです。喪失感を癒すには、とても効果的です。

死に臨んだお釈迦《しゃか》さまは、悲しむ弟子たちに「私は、教えが人間の皮をかぶっているようなものだ。私の伝えた教えとともに生きていけば、私と一緒にいるのと同じだ。だから、悲しむな」と告げました。

同居していた人が亡くなって一人で暮らすことを、「(自分の)影とともに暮らす」と言いますが、**「こんなとき、あの人ならこうするだろう、こう言うだろう、こう考えるだろう」と思えるなら、故人はあなたの中で生き続けている**ということです。

欄外から一言!

どんなに悲しくても、
吐く息は感謝でありますように

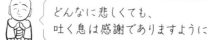

また空海は、子どもを亡くして悲しみに暮れる親に「朝夕涙を流し、日夜慟《いたみ》を含むといえども、亡魂《ぼうこん》に益なし」と手紙を送り、写経することを勧めています。

悲しむより、亡き人が喜んでくれそうなことをして、親しい人を失った喪失感を供養（もてなし）に転化することを勧めているのです。

私たちも亡くなった人が逝った場所に、いつか行くことになります。

そのとき、「**あなたが亡くなってから、私はこんな生き方をしてきました**」と、胸を張って報告できるように、悲しみから早めに立ち直りたいものです。

悲しむだけ悲しんだら、
その人が喜ぶことをして生きよう

あなたが笑顔で暮らすのが、
あなたを大切に思う人の
願いです

――無為《むい》（悟り）の世界に住民票を移す

05 世間じまい

「世間さまに顔向けできない」「世間さまがなんて思うか」。

あまり広くない地域の共同体の中で、できるだけ摩擦を避けようとすると不思議な実体をあらわす「世間さま」は、一つの信仰と言っていいかもしれません。

しかし、そろそろ世間を出る、**出世間《しゅっせけん》の生き方**をしても罰は当たりません。

出世間とは仏教語で、世俗を離れて悟りの境地に入ることを意味します。

古来、世間は娑婆《しゃば》（サハー：耐え忍ぶ場所）、あるいは**「有為《うい》の世界」**と呼ばれてきました。有名な、いろは歌の三句目に登場する「有為の奥山今日越えて」の有為です。**有為は「為《な》すこと有り」で、この場所に留まるかぎり、為すべきこと**

が山ほどあります。

洗濯しなきゃ、掃除しなきゃ、不要なものを処分しなきゃ……、などなど、あなたが今日やっていることのほとんどは、有為の世界にいるがゆえの所業です。

有為は有畏とも書きます。これは**「畏《おそ》れ有り」という世界。**

洗濯をしないと汚いものを着ることになって、世間さまに笑われてしまう。掃除をしないとゴミ屋敷になり、病気になるかもしれない。不用品を処分しないと、人になんと言われるかわかったものではない――

いずれも、畏れが元になっているのはおわかりでしょう。

いろは歌では、仏教の教えによって、有為平原の奥にある山を越えていけと説きます。**奥山を越えた場所にあるのは「無為（無畏）」の世界、しなくてはいけない、やるべきという畏れのない世界で、いわば悟りの世界**です。

難しそうな話になってしまいましたが、実はあなたも、日常で無為（畏）の世

欄外から一言！

「こうすべき」を捨てられないなら、
せめて減らしてみませんか

界の住人になっているケースは少なくありません。

洗濯をしないと大変だと思っていれば有為の人ですが、毎日生きていくのに洗濯をするのは当たり前だと思っていれば、無為の人です。

不用品を処分しないと何を言われるかわかったものではないと、恐怖を元に片づけをするなら、有為の世界に住民登録している人。不用品をなくせばスッキリ暮らせると考えるなら、住民登録は無為世界の役所になるということです。

あなたを縛っている世間体や世間さまは、このような有為の価値観で動いています。**同じことをしても、無為の世界の人は「やらなければならない」「やらないと大変だ」とは思っていないので、とても気分が楽なのです。**

人生の残りの時間は、無為の世界に住民票を移して過ごしたほうが、ずっと心地がよさそうです。

「しなきゃ」が有為の世界
「したい」が無為の世界

――心おだやかとは、不機嫌と上機嫌のちょうど真ん中

06 不機嫌じまい

人生も後半になると、気力、体力、記憶力の減退から、思うようにならないことが増えます。それと比例して、不機嫌な時間が少しずつ増えていきます。

仏教では、不機嫌な状態を「苦」と呼びますが、苦の定義は、仏教以前のインド哲学で**「自分の都合（願い）通りにならないこと」**とされています。

不機嫌な状態を含めて、苦は自分の都合が原因で起こるネガティブやマイナス感情のことなのです。

この苦を少なくするには、二つの方法があります。

一つは**「都合通りにしてしまう」**こと。

自分の願いがかなっていれば、誰も苦を感じません。

みんながあなたの言う通りにしてくれれば、対人関係の苦は生じません。

あなたの家にある家電製品は、あなたの苦をなくすために作られたものです。

こうした方法は、主に西洋の考え方です。

一方、インドを含めた東南アジアの文化圏では、**都合（願い）そのものをなくしたり、少なくしたり**して苦を減らそうとします。仏教もしかりです。

そのために、世の中はどうなっているのかを探求します。「そうなっているなら仕方がない」と、自分の都合をあきらめられるからです。

「諦《あきら》める」と「明《あき》らめる」は同源の言葉で、**物事がどうなっているかを明らかにするから、潔くあきらめられる**のです。

これをふまえれば、不機嫌のシンプルなしまい方がわかります。

欄外から一言!

心やわらかですか？
どっしりしてますか？

まず、「私はどうしたいのだろう？」と考え、〝自分の都合（願い）〟を明確にします。不機嫌の理由は「自分の都合通りになっていないため」ですから、その作業を抜きにして、不機嫌を処理することはできません。

次に、自分の努力で都合通りになるかどうかを考えます。

どうにかなりそうなら、努力して都合通りになるようにすればいい。

その努力を精進《しょうじん》と呼びます。

一方で、**自分の努力だけではどうにもならないことが明白なら、自分の都合を引っこめるか、修正を加えて、不機嫌を解消する**しかありません。

たとえば、「若い頃と同じようにしたい」が自分の都合なら、「若い頃とは違うのだから、これくらいでよしとしよう」と都合を小さくするのです。

自分の努力ではどうにもならないものの四天王は、仏教が説く生・老・病・死

の四苦です。私たちは、自分の都合に関係なく生まれ、年を取り、病気になって死んでいきます。**これらに対して不機嫌になるのはバカバカしい**でしょう。

他にも、今日の天気に文句を言っても仕方ありません。また、人間関係が原因の場合も、相手には相手の都合があるので、自分の努力では限界があります。

①不機嫌の元にある〝自分の都合（願い）〟を明確にして、自分の努力で都合通りになるのなら、努力する

②どうにもならないのが明白なら、都合を捨てる、変える

どうですか？

かなりシンプルな方法で、不機嫌は片づけられることがわかるでしょう。

大切なのは、「機嫌がよい状態」にこだわらないこと。

白黒、正誤、善悪、老若などの両極の考え方はわかりやすいのですが、**世の中**

欄外から一言！

心の天気は、自分で晴らす

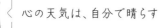

は両極ばかりがまかり通るわけではありません。

私は、**不機嫌でさえなければそれでいい**と思います。

つまり、不機嫌でも上機嫌でもないニュートラルな状態です。


毎日を上機嫌で過ごすのは、常時躁状態でいるようなものですから大変です。

トイレに入るたびに「やった。出るものが出たぞ。私は、なんて幸せなんだ」とは思わないでしょう（便秘で苦しんでいれば別ですが）。

雨が降るたびに「ああ、恵みの雨だ。これで植物が育ち、それを動物が食べ、巡りめぐって私の食べ物になる」と上機嫌でいる必要はありません。


ほぼ毎日ニュートラル、ときどき感謝、ことによっては上機嫌……。

そんな心の天気で充分です。

不機嫌が生まれるのは
自分の「都合」が通らないとき

07 孤立じまい

――何よりも孤立を恐れ、孤独を愛すること

ここで申しあげる〝孤立〟とは、〝孤独〟のことではありません。

仏教では、孤独を「遠離《おんり》」という言葉で表して、大切にしています。

一方で孤立は、**周囲に頼りになる人、心が通じ合う相手が一人もいない、ひとりぼっちである**という意味です。

お釈迦さまの遺言とされる『遺教経《ゆいきょうぎょう》』では、遠離を次のように説いています。

――わずらわしさや気苦労のない身心を得るためには、ときには喧騒をはなれ、独《ひと》り閑居《かんきょ》するのがいいでしょう。自分のことからも、他のことからも、すべての欲から離れて、独り自然と向きあい、心静かに、苦の根源である自らの煩悩《ぼんのう》

や、無明に思いをめぐらす時間をお持ちなさい。
多くを願えば、悩みも多くなります。大木も、たくさんの鳥の棲家になれば、枝が折れ、枯れることさえあります。多くの願いは、多くの鳥と同じなのです。世間の束縛や、欲への執着は錘《おもり》となって、多ければ多いほど、あなたを苦しみの海の深みへと沈ませていくでしょう。象は水に入るのが好きですが、沼に深入りした老象が、泥に溺れて自ら出られなくなるようなものなのです。

喧騒や執着《しゅうじゃく》、束縛から離れる時間と場所を持つことは、とても大切です——

実際に、私たちがその日のことをふり返り、それを生きる糧にするのは、一人でいるときです。それを人は孤独と呼ぶかもしれませんが、**その時間こそが、ふと気になったことを発酵させ、自分の大切な生き方の核にする力があります**。

仲間とワイワイしていれば、話に流されて、大切なことをしみじみ味わったり心に染みこませたりできません。それができるのは孤独になったときなのです。

欄外から一言!

僧侶の修行も孤独です

一方、孤立は孤立無援と言われるように、**孤独になって考えたことでも、それを外にアウトプットしたり、フィードバックしたりする相手がいない状態**です。常に仲間がいない状態なので、考え方が偏っていても、それに気づきません。間違っていても、反対意見を述べてそれを修正してくれる人がいないのです。

そのために、独りよがりになって他人の意見に耳をかさなくなり、自暴自棄になってふてくされることが多く、とげのある言葉を使うようになります。まさに、「小人閑居して不善をなす」で、よくないことをするようになるのです。

このようにして、**孤立の負のスパイラル**に巻きこまれます。

ここから抜けでるのは、容易なことではありません。よほど我慢強い慈愛に満ちた人がそばにいるか、自分から心を開くしか方法はないでしょう。

手遅れになる前に、独りの時間を作って自分と向き合い、孤立の芽を摘んでおきましょう。

未来を育む孤独と、未来を閉ざす孤立
一文字違いでも正反対

あなたが変わったように、相手も変わる

08 色眼鏡じまい

ここで言う色眼鏡とは、偏見や先入観のことです。

いまさら、偏見や先入観についてお伝えしなくても、物事を狭い視野でしか見られなくなると、問題に対処できなくなる危険性があるのはご存じでしょう。

偏見や先入観を野放しにしておくと、〝どうせ私なんて〟〝しょせんあの人は〟と、**ラップの芯の穴から空をのぞくように、一部しか見えないものの見方をしたまま、最期は「つまらない人生だった」とつぶやいてあの世に逝くことになりかねません**（つまらない生き方をしたのは、ほかならぬ自分だったのに）。

そこで、「これはこういうもの」と思いこんでいるものが、いかに頼りになららないかを、仏教の縁起、諸行無常《しょぎょうむじょう》、空《くう》の教えで、簡単にお伝えします。

世の中のどんな結果も、多くの縁が集まった結果です。

この法則を「縁起」と言います。

集まる縁は次々に入れ代わるので、一つの結果は同じ状態を保てずに変化していく、これを「諸行無常」と言います（諸行は、すべての作られたものの意）。

すべてのものが変化するということは、「これはいつだってこういうもの」と言いきれるものは何一つありません。この原則を「空《くう》」と言います。

すべてはこの原則に従うので「あの人はいつだってこういう人」と言いきることはできません。**その証拠に、あなた自身が昔と違っています。**

時間の経過や経験を積んだという縁が変わったので、変化したのです。

その意味で、**あなたもあの人も、空**なのです。

欄外から一言!

久しぶりに会ったら、思っていたような人ではなかったと感じることは、よくあります

「しょせん世の中は、政治は、お金なんて」といくら言を断じても、それはごく限られた経験しか積んでこなかった〝その人限定〟の〝その時点〟での見解にすぎないということです。

江戸時代の古歌に**「月ゆがむにあらず 波騒ぐなり」**とあります。夜空の月はゆがんでいませんが、その月影が水面に映り、波が立つと月がゆがんで見えます。**世の中をゆがんで見せている原因こそ、偏見や先入観という波なのです。**

集まる縁によって結果が変わるので、すべてに不変の実体はないとわかれば、昔は嫌だと思っていた人に会うのも楽しみになります。

相手もこちらも空なので、昔と変わっている可能性があるからです。

さあ、色眼鏡じまいをして、ゆがんでいない月が照らしだす、ありのままのすてきな日々を、自由自在に生きようではありませんか。

物、事、人の心や姿かたち
すべてのものが一定ではない

色めがねは、ラップの筒で
空を眺めるようなもの

変わっていく景色にも
人の心にも、
気付くことができません

―それぞれの命を精一杯輝かせるために

09 介護じまい

人生百年時代と言われるようになってすぐに、長生きするのが目的になってはいけないと警鐘を鳴らす人が増えました。

長生きをして何をするのか、したいのかというビジョンを持って長生きすることが大切だというのですが、その通りだと思います。

しかし、**どんなビジョンを持っていても、生老病死という人生の流れには逆らえません。**とりわけ長寿社会となった現代では、病気やけがで入院しなければならなくなったり、認知症が発症して日常生活がままならなくなったりすることは、ごく自然に起こることとして受けいれる時代になったのです。

日本の急速な高齢化は、世界にも類を見ないと言われます。

それだけに、いずれ自国にもやってくる高齢化の施策として、日本の対応策が世界から注目されています。

ところが、当の日本では、これだけ急速に高齢化が進み、お年寄りが多い時代は経験したことがありません。経験していないので、どのような解決策が有効なのか、正解なのかは誰にもわかりません。

暗中模索の対応は、まだ数十年は続くでしょう。つまり、私たちが生きている間には「これが正解！」というやり方は確立できないということです。

こうした中で、多くの人が悪戦苦闘しているのが、介護の問題でしょう。

特に昭和世代は、自宅で最期まで面倒を見てあげたいと思います。

しかし、その結果、**共倒れになってしまう**ことも少なくありません。

そうならないために、介護を施設に任せるときは、「施設に入れてしまってご

欄外から一言!

「やれることはやった」と、自分にやさしく声をかけてあげてください

めんなさい」と負い目を感じるのではなく、**「施設に入ってくれてありがとう」という感謝の気持ち**を持ちましょう。

その相手が親ならば、親孝行の八割は、無事に生まれただけですんでいます。残りの二割は、あなたがどう生きるかで返すしかありません。

一方、施設に入る人は「見捨てられた」と考えるのではなく、共倒れを防ぐために、つまり、**自分のためではなく、家族のために施設に入るのだ**と早めに考え方を切りかえたいものです。

〝我が身を捨て他者を救う〟という崇高な理想は掲げられないかもしれませんが、**人は自分のためにはできずとも、誰かのためならできることがあるもの**です。

物事は諸行無常（結果は変化する）の大原則によって、やる前も、やっている最中も、やった後でさえ、何が正解かはわかりません。

共倒れを回避し、**いただいた命をそれぞれが精一杯咲かせるための介護じまい**。

今が苦しいのなら、ぜひ家族で話し合う機会を持ってみてはいかがでしょうか。

真面目で優しい人ほど
すべてを抱え込んでしまう

何が正しいのかは
最後の最後までわからない

距離を取り直すことで
お互いが楽になることもある

コラム 1

「仏さま」に宿る二千五百年前の智恵を心おだやかに今を生きるヒントにする

お釈迦《しゃか》さまはどうして悟りを開けたのだろう？　と後世の弟子たちは考えました。

現在では、二つの考え方があります。

一つは、何度も生まれ変わり、輪廻《りんね》をする中で修行を重ね、ついにインドで仏になったというものです。

もう一つは、シルクロードを経て中国から日本に入ってきた考え方で、「お釈迦さまを悟りに導く力が働いたから」というものです。

その力とは、お釈迦さまが悟りを開く三十五歳までに経験したすべてのことです。

太陽が東から昇り、西に沈む一日の変化、四季の変化、昼と夜があるなどの自然の力も含まれます。

もちろんお釈迦さまは、人のやさしさにも触れたでしょう。

裏切り、裏切られたこともあるでしょう。

結婚して男の子も一人いたので、愛も経験しています。

こうした経験や体験のすべてが、後に悟りの材料になったのです。


一人の人間を仏にするほどのこれらの力は、後になって、それぞれが「仏」としての個性を与えられることになります。

決断して行動する力は不動明王《ふどうみょうおう》、やさしさは観世音菩薩《かんぜおんぼさつ》、智恵は文殊菩薩《もんじゅぼさつ》、何かを育てる力は地蔵菩薩《じぞうぼさつ》、死後の世界の安らぎは阿弥陀如来《あみだにょらい》という具合です。

こうして、多くの仏が誕生することになりました。


これらの力は、二千五百年たった今でも私たちの周りにそろっています。

それらを材料にすれば、私たちも、仏のようにおだやかな気持ちになれるのです。

このコラムでは、五人の「仏さま」を通じて、心おだやかに生きるためのヒントを紹介していきたいと思います。

第2章

自分のしまい方

人生で築いてきた、生き方や考え方、すなわち〝我〟。
「こうあるべきを」しまい、身も心も軽やかに。

――目標なく、ただ自分を押し殺しているのは我慢ではない

10 我慢じまい

我慢は嫌なもの……、そう思っていませんか。

仏教の面白いところは、出合った嫌なことをなくすのではなく、それを「苦」にしない、「苦」と感じないための教えでもあるところです。


我慢は仏教語です。

自我が強く、自分は偉いと思いこみ、他を軽んじる思いあがりのことで、煩悩《ぼんのう》の一つ。日本語では、耐え忍ぶという意味で使われることが多い言葉です。

ここでは、我慢を嫌なものと思わなくなるだけでなく、無理に我慢しないで生

きていくための、我慢のさばき方をご紹介しましょう。

あなたが思っている以上に、我慢の構造はシンプルです。

我慢はいつも目標とセットです。目標がないと我慢できませんし、逆に目標があれば、それほど苦もなく我慢することができます。

健康でいたいという目標があれば、好きなお酒もほどほどの量で我慢できます。毎日の軽い運動も、歯を食いしばってやっている意識はありません。

僧侶の修行は大変でしょうと同情されることがありますが、修行して僧侶の資格を取る、悟りへのステップを一歩進むという目標を達成するためなので、やらなければならないと自覚しています。

ですから、みなさんが思うほど我慢して修行をしているわけではありません。

僧侶になるという目標がない人が、僧侶と修行をすれば、我慢できずに三日坊主がいいところでしょう。

欄外から一言!

目標がないと、我慢なんてできません

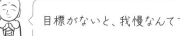

ですから、我慢しなければならないと思ったときは、**自分はどんな目標を達成するためにこの我慢をするのかを考えればいい**のです。

家庭が円満であるようにという目標があるかもしれません。

将来安心な暮らしができるようにという目標があってもいいと思います。

その目標を明確にすれば、我慢は苦ではなくなります。

逆に、**目標がなければ、我慢などする必要はありません。**

否、目標がなければ、そもそも我慢はできません。目標のない小さな子どもが我慢できないのは、当たり前なのです。

日常で心得ておきたいのは、我慢には二種類あるということです。

一つは、目標達成のために、やりたいことを我慢する。

もう一つは、目標達成のために、やりたくないことを我慢してやる。

したほうがいい我慢はこの二つだけです。

目標のない我慢、そんな我慢はしまってしまいましょう。

したほうがいい我慢と
しなくていい我慢の見分け方

——心おだやかな人になれば、自然と周りに人が集まる

11 いい人じまい

いい人かどうかは、他人からの評価です。

言いかえれば、**私たちがいい人でありたいと願うとき、他人から見た〝いい人〟になろうと努力するようになります**。

いい妻、いい夫、いい親、いい子、いい友人……、いい人ならこんなときどうするだろうと、自分が思い描く理想の人になろうとするのです。

しかし、その努力が実り、飛行機が上昇するように「いい人」に到達したのなら、そろそろ水平飛行に移ってもいいと思うのです。今以上にいい人になろうとする努力をやめるのは、ちっとも悪いことではありません。

仏教は、いつでも、何が起きても心おだやかな人になることを目指します。おだやかになった心のあり方が悟りで、その境地にいる人を仏と呼びます。心おだやかな人になれば、結果的に周りから〝いい人〟に思われることが多いですが、目標はいい人になることではなく、心のあり方なのです。

仏教には、四摂《ししょう》の教えがあります（摂は取り入れるという意）。自然と周りに人が集まる人が持っている、四つの徳です。中国では、人民の心を治めるために国王が備えるべき徳として説かれました。

・「布施《ふせ》」は、見返りを求めないで何かさせてもらうこと。
・「愛語《あいご》」は、やさしい言葉。
・「利行《りぎょう》」は、相手のために行動すること。
・「同事《どうじ》」は、相手と同じ立場になって一緒に行動すること。

欄外から一言!

一度磨かれた心は曇りません

この四つの徳を備えている人がいたら、このうえなく安らかなので、近くに行きたい、そばにいたいと思うでしょう。

しかし、この四つは、人気者になるために取りくむような課題ではありません。周りに人が集まってくるのは、あくまで結果論です。

いい人になるために、さまざまな課題をのり越えてきた人は、こうした教えの原点にたち返って、いい人じまいをしましょう。

他人から見たいい人になった今、この先は、自分にとってのいい人、すなわち、心おだやかな人になることを、少し真面目に考えてみてもいいのです。

先に挙げた四つの徳が、そのヒントになります。

壮大な夢かもしれませんが、心が乱れていると感じたときに、四摂の教えを自分の中に探す練習をしてみてください。

心おだやかでいる時間、おだやかでいられることが、確実に増えていきます。

誰かのためのいい人ではなく
あなた自身にとってのいい人になる

――あのときはそうするしかなかったと、心から納得する方法

12 後悔じまい

「あのとき、こうすればよかった」「あのとき、ああしなければよかった」という後悔は、人生には付きものです。

しかし、せめて死ぬまでには、後悔をすっきりと解決して、さわやかにあの世へ居を移したいものですね。

そのために、とてもよい方法があります。

後悔は「やってしまったこと」「やらなかったこと」に、その本質はありません。**後悔の本質は、「やったとき」「やらなかったとき」に生じる、心の中の黒い**

点。この本質を利用して、後悔を薄めたり、消したりできます。

まず、後悔している状況が生まれたときのことをふり返ります。そして、そのときの自分の状況や、周囲の状況はどうだったのかを分析します。

やってしまったことを後悔している場合は、当時はまだ浅はかだった、自分ならできると思っていた、せっかくのチャンスを無駄にしたくなかったなどが当時の自分の状況です。

一方で、周囲の状況とは、「やってみないとわからない」と励まされた、「やらずに後悔するより、やって後悔しろ」と背中を押されたなどです。

そのような状況があったのですから、**あなたの選択肢は「やる」しかなかった**のです。

それを今の自分が心の底から納得すれば、後悔は薄まったり、消えてなくなったりします。

欄外から一言!

寄り道、道草、回り道、
人生まるごとそんなもの

やらなかったことを後悔している場合は、自分にできる自信がなかった、失敗したときの対処法を知らなかった、自分より適任者がいると思っていたなどが当時の自分の状況です。

そして、自分を取りまく周囲の状況は、「お前には無理だ」と言われた、「できなかったときの責任を取れないだろう」と釘をさされた、「今はまだそのときではない」と諭されたなどでしょう。

この場合も、**あなたの選択肢は「やらない」しかなかった**のです。

それを今、あらためて心の底から納得するのです。

これは、**実際に私が使っている方法で、効果は絶大**です。

以来私は、何かをやるかやらないか決めるときに、「本当にその決断に自信を持っているか」と自分に問えるようになりました。

あなたもきっとできます。過去の事実は変えられませんが、その解釈をかえて、さわやかに生きていけるのです。

過去は変えられないけれど
見方を変えることはできる

――100%正しいことは、意外と役に立たない

13 正論じまい

暮らしていく中で私たちは、「こういうときは、こうしたほうがいい」という経験則（正攻法）を身につけます。

明日の仕事や外出のために、今日は早く寝たほうがいい、将来楽な暮らしができるよう、若いときは勉強したほうがいい、貯金はしておいたほうがいい……。

かつての自分の失敗や後悔に照らし合わせていることもあれば、他の人が身をもって示してくれたことを自分の信条にする場合もあるでしょう。

しっかり者と言われる人ほど、こうした経験を活かして生活を維持します。

そして、**このような人は、正しいことを言う傾向があります。**

「どうして私ができる（やっている）のに、あなたはやらないのだ」と、自分がしていることは他の人もできるはず、やるべきだと思いこむようにさえなってしまいます。

言うだけでなく実行している「有言実行の人」なので、何か言われても、なかなか反論できません。

正論であるだけに、言われたほうはモヤモヤし、「言っていることは正しいけど……」と、漠然とした反感を抱くようになります。

「飲み過ぎると体を壊すよ」「早く寝ないと明日の朝がつらいよ」「断捨離しないと後で自分が困るよ」などは、どれも正論です。しかし、正論であるのをいいことに、相手を非難するような言い方は気をつけたいもの。

100％正しいことは、意外と役に立ちません。

欄外から一言！

日常のほとんどは、笑って許せることばかり

わかっていても、なかなかそれができないのも私たちなのです。

せめて正論を言うまえに、相手の心情に寄りそった「飲みたい気持ちはわかるけど」「遅くまで起きていたいのはわかるけど」「断捨離、なかなかできないよね」などの一言を加えたいもの。

正論で武装しなければ、あなたの心にも、自由と余裕が生まれるのです。

それと同時に、正論めいた物言いをしてくる人には注意したいものです。

終戦直後、活字に飢えていた人の中には、「水上を歩く方法」「杉の木を飛び越える方法」などの本を買った、私の父のような人がいました。

封を切ってページをめくると、

「右足が沈む前に左足を出し、左足が沈む前に右足を出せ。そうすれば水上を歩ける」「杉の苗木を買って土に植える。毎日それを飛び越えていれば、杉の成長に合わせてジャンプ力がつく。いつしか大木の杉も飛び越えられるようになる」

詐欺まがいの内容に、父は「やられた」とニヤリとしたそうですが、物理の知識に乏しい当時は、あまりに正論然とした書きように、信じてしまう人が多かったのだとか。

正論には（正論めいたものも含めて）、相手を一刀両断して有無を言わさない力があることを、ぜひ心に置いておいてください。

ここらで正論じまいをして、清濁を併せ飲む、海のような生き方を目指してみたいものです。

欄外から一言！

「散らかっている」と家内が叱る部屋も、私にすれば万華鏡のようです

しっかり者ほど
無意識に相手を傷つけてしまう

"正論武装"した人には
モヤモヤしか残らない

どうしても正論を
言いたいときは、
相手の立場に立った一言を
添えましょう

――遠慮してばかりだと、何もしない人になってしまう

14 謙虚じまい

観光地のみやげもの屋で売られている名言手ぬぐいに、『ぼけたらあかん　長生きしなはれ』があります。

これは、天牛将富《てんぎゅうまさとし》さんという方の言葉で、曲をつけた同タイトルの歌を、杉良太郎さんが歌われてもいます。六段落からなる文章の最初は、

「年をとったら出しゃばらず　憎まれ口に泣き言に　人のかげ口　愚痴言わず　他人のことは褒めなはれ　聞かれりゃ教えてあげてでも　知ってることでも知らんふり　いつでもアホでいるこっちゃ」

私は、この言葉に出合った二十代のときから「知ってることでも知らんふり」はズルイと思っていました。長年かけて血となり骨となり、身にしてきた知識や経験を、あえて伝えずに黙っているというのです。

若い人が失敗をくり返して十年かけて学ぶことを、年寄りからヒントやキーワードを教えてもらえれば、三年で自分のものにできるかもしれないのにです。

そして、五段目に登場するのは、謙虚さを勧める一文です。

「昔のことはみな忘れ　自慢話はしなはんな　わしらの時代はもう過ぎた　なんぼ頑張り　りきんでも　体がいうこときききまへん　あんたは偉い　わしゃあかん
そんな気持ちでおりなはれ」

この部分も、簡単には承服できませんでした。

昔話や自慢話をできるのが、年寄りの特権です。それをどう聞くかは、聞き手の感性によります。実際に「うちのおばあちゃん（おじいちゃん）は昔……」と子どもや孫たちはよく言います。彼らの口調に「過去に生きているんだ。まったくしょうがない」という、批判めいたニュアンスはありません。

あなたも、そのように年寄りが話したことを、生き証人の言葉として、誰かに会話の潤滑油がわりに、話したことがあるでしょう。

謙虚になるのは考えものです。**誰かのために何かしてあげたいと思い、それを実行できることは、素晴らしい**のです。

とはいえ、この文章の全文をお年寄りたちに見てもらうと、ほぼ全員が顔を見合わせてにっこりうなずき、「ほんとだね。そうだよね」とおっしゃいます。

数多くのお年寄りを見て、そして、自分も年齢を重ねた今だからこそ、わかる部分があるのでしょう。

欄外から一言!

蛇足ながら、おせっかいは一つの慈悲です

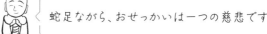

とりわけ、三、四段落のくだりは傑作です。

「お金の欲は捨てなはれ　なんぼゼニカネあってでも　死んだら持っていけまへん　あの人はええ人やった　そんなに人から言われるよう　生きているうちにバラまいて　山ほど徳を積みなはれ／というのは　それは表向き　ほんまはゼニを離さずに　死ぬまでしっかり持ってなはれ　人にケチやと言われても　お金がある から大事にし　みんなベンチャラ言うてくれる　内緒やけど　ほんまだっせ」

誰かを傷つけないために、一歩身を引き、言葉を控えることはよくあります。

その意味では謙虚さは大切かもしれませんが、**人を傷つけないかぎり、人の喜ぶことをするくらいの押しの強さは持っていていい**のです。

何かをしてあげたい気持ちを形にするのは、素晴らしいこと

自分の知識や経験を
伝えること、
人の喜ぶことをするのに
遠慮なんていりません

──「まあ、これでいいか」と思っていい年齢

15 完璧じまい

物事をそつなくこなし、ちゃんとした生き方や暮らしをする。

それは、叱られたり、笑われたりしたくないからというより、何よりも、そうすることで自分が安心できるからです。

抜かりなく、できるかぎり細部にも気を配る。そうしていろいろなことをなし遂げてきたおかげで、人に迷惑をかけず、失敗も最小限でくい止められます。

ときどき、完璧を目指すやり方を人に押しつける人がいますが、無理強いをせず、まるで呼吸をするように、何事もそつなく、自然で、完璧でいられるなら、それは素晴らしいことです。

年を重ねるともの忘れも増え、集中力も続かなくなり、徐々に完璧さにほころびが出はじめますが、ほころびは縫《ぬ》えば元に戻りますから、それほどガッカリするには及びません。

しかし、ふと疲れを感じるようになったのなら、そろそろ、**〝適当にすませる勇気〟を出して、完璧じまいをする時期**かもしれません。

隅から隅まで目を配るのではなく、隅が残っていたとあとから気づいてニヤリとして、放っておける余裕があれば、この先の人生は楽になります。

隅々にまで気を使わなくてもいい、そういう年齢になったのです。

あるいは、完璧というゴールラインに、もっと幅を持たせてもいいでしょう。百メートル先にあったゴールラインを、リレーでバトンをパスするテイクオーバーゾーンのように幅を持たせ、ゾーンに入れたら、自分の役目はひとまず終了とするのです（ちなみに4×100mのリレーのゾーンは30m）。

欄外から一言！

姿より、香りに生きる、花もある

やってみると、思っていた以上に満足感と安心感が得られるものです。講演や演奏会などで、客席に八割の人が入っていれば満員に見えるのと同じです。

完璧にこだわらなくても、八割できればそれでいい。

残りの二割をやらなくても、たいした問題ではありません。

完璧さは自分で決めているので、その決定にあなたが変更を加えても、誰も文句を言いませんし、言われる筋合いもありません。

周りの人に、「適当にやるようになりましたね」と皮肉を言われたら、そのときは、「適当は、当《まさ》に適していると書くのです。人は変わります。それが諸行無《しょぎょうむ》常《じょう》の大原則ですから」と、ニッコリ笑って返しましょう。

「ずいぶん丸くなった」と驚かれたら「はい、おかげさまで。四角い部屋も丸く掃けるようになりましたよ」とニンマリ笑って返しましょう。

「今のところは」「自分にとっては」完璧さの基準に幅を持たせる

完璧なんて、人それぞれ
今日の完璧も、明日には
変わっているかもしれません

——一休さんが残した「なるようになる」の深い意味

16 じたばたじまい

晩年の一休さん（一休宗純《そうじゅん》）には〝じたばたじまい〟をするうえで、示唆に富んだ逸話があります。

住職をしていたお寺を去るとき、一休は「この文箱の中に遺言を書いて入れておいた。しかし、この箱は、お前たちがどうしようもない局面になるまで開けてはならない」と言いのこしました。

やがて世の荒波にお寺がのまれ、寺の存続が危うくなります。

弟子たちは、いろいろ策を練ったり、さまざまな案を出したりしましたが、なかなか名案が浮かびません。すると弟子の一人が、一休の文箱のことを思いだし、「この箱を開けるのは、今ではないか」と提案します。

寺の僧侶が全員集まる中、箱の紐《ひも》がほどかれ、ふたが開けられます。

すると中にあったのは、半紙一枚でした。

その半紙には**「なるようになる、心配するな」**とだけ書かれていました。

「なるようになる」「なるようにしかならない」は、物事をあきらめるための言葉として見聞きしますが、一休の言葉には、もう少し深い意味があります。

弟子たちは、自分たちが考えられる案は出しつくし、できることはすべてやったのです。そこまでは、じたばたしたといってもいいでしょう。

しかし、**じたばたしながらもやれることをやったなら、それで終わり。あとは、自分や状況の変化に任せて、じたばたじまいをすればいい**のです。

そのとき、「後悔じまい」の項（84ページ）でお伝えしたように、「これ以上、今の私にできることはない。ことの成り行きを見守ることにしよう」と心の底か

欄外から一言！

いさぎよく、あきらめることだって大事です

ら思えば、「まだできることがあったのでは」と後悔しないですみます。

どんな問題でも、それを解決するという結果を出すには、そうなるための縁（条件や要素）をそろえないといけません。

一つの結果を導きだすための縁の中には、自分で集めたり、作ったりできるものもあります（この期間がじたばた時間です）。一休さんの逸話では、「問題解決のために、弟子たちが集めるだけの縁を集める」ことがこれに当たります。

しかし、縁の中には、家族の事情、経済の状況、社会状況など、自分の努力では引っぱれない縁もあり、数からいえばそちらのほうが多いでしょう。

自分が関与できない縁については、「なるようになる」として、しばらく待つか、そのままにして先に進むしかありません。

あなたはこの先一つのことに、どれだけの時間をじたばたして過ごしますか？

私は、じたばたしてもいい時間は、長くても数週間と決めています。

やれるだけやってみたら、
はい、おしまい！

じたばたしましょう。
縁を集め尽くしましょう。
やれることをやったら
この言葉を思い出して下さい

17 弱い人じまい

――強い人と同じにならなくてもいい

あなたの周りにも、強い人がいるでしょう。

自分の悪い噂が流れているのを知っても心が折れる様子もなく、心ない無責任な言動にも腹を立てず、自分で決めて行動し、人の目を気にしていない人です。

それでいながら、他人を傷つけず、適度な協調性がありつつも、我が道を行く人です。

そんな人が身近にいると、あんなふうに強くなりたいと思うことがあります。

しかし人は、漠然と思っているだけでは、何一つ行動を起こせません。

〝決める〟というワンステップが必要不可欠です。

特に、自分の弱さを知っている人は**〝私も強い人になりたい〟**ではなく、**〝私も強い人になる〟**と決めないと、強い人にはなれません。

幸いにも、あなたの身近にお手本になる人がいれば、三つの面からその人の真《ま》似《ね》をしてみましょう。ここでは、空海（弘法大師）の教えを参考にしてみます。

空海が日本で広めた密教の教えは、仏さまの真似をすれば、自分の中に眠っていた、仏とかわらない本性が目覚めるというものです（かなり大雑把《ざっぱ》な説明です）。

仏さまも私たちも、森羅万象も、その活動は、**行動（姿形）と、言葉（音）と、心（精神、意志、目的）**の三つの面で行われています。

仏教語で、この三つの活動を**身口意**《しんくい》と言います。

そこで、密教では、**仏のやること（身）、言うこと（口）、思うこと（意）を真似すれば、あなたは仏になれる**と説きます。

欄外から一言！

こんなとき、仏さまなら、どうするだろう

たとえば、ドラえもんが好きな子には「ドラえもんならどうするかなと考えて、真似してごらん。そうすれば、君はドラえもんになれるよ」と伝えます。

もし、あなたが強い人に憧れて、自分もそうなりたいと思うなら、ときに触れ、折りに触れて、**「あの人なら、こんなときどうするだろう、どう言うだろう、どう思うだろう」**とイメージし、その真似をしてみるのです。

それをくり返していると、知らない間に、あなたも強い人になっていきます。

自分が弱いと自覚している人ほど、強い人になるためには効果的な方法です。

この方法は古くから知られていて、中国にも**「鵠《こく》を刻して、鶩《あひる》に類す」**ということわざがあります（鵠は白鳥）。白鳥を彫刻しようとすれば、白鳥にはならなくても、アヒルくらいのものはできるというのです。

強い人の言動や思考を真似てみて、弱い人じまいをしてみましょう。

強い人にはなれなくても、確実に近づくことができます。

自分の弱さを自覚して
あの人ならどうする？ と考える

“強い人”の やること、言うこと、
思うこと を 真似すれば、
その人に 近づける

―退屈な一日を、心豊かな一日に変える術《すべ》

18 退屈じまい

人は不思議なもので、あまりに忙しければゆっくりしたいと思い、ゆっくりする時間が続くと、何かしたくてうずうずします。

やらなくてはいけないことをする時間と、何もしなくていい時間のバランスを取ることの、なんと難しいことでしょう。

今では、手帳に代わって、スマートフォンをスケジュール管理に使う人が増えましたが、どちらでも同じこと。予定が入っていない日があると、ソワソワしはじめます。やることもなく、退屈な一日を過ごさなくてはいけない、何か書き込める用事を作らなければ、不安にかられてしまいます。

しかし、考えてみれば、**何も予定が入っていないということは、何でもできる、何をしてもいい日**です。その自由な一日を退屈と感じるなら、かなり不器用な生き方をしているのかもしれません。

そろそろ、生き方そのものを変えてみてはいかがでしょうか。

毎日二時間かけて新聞を読むことを日課にしている人もいます。

ショッピングセンターのベンチに座って、人間観察をする人もいます。

散歩を楽しむ人もいます。

こまごまとした荷物の整理や処分をする人もいます。

やってみようかと思うなら、やると決めればいいのです。

なにしろ、**退屈な一日は、何をしてもいい、自由に使える一日**なのですから。

欄外から一言!

私の趣味は生きていくことなんです

たとえば、新聞に火災の記事があったら、当事者や近隣の人たちは今頃、何をしているだろうと思いやり、想像を広げます。

人間観察をするときは、すてきな髪形を見て、どんな美容室に行っているのだろう、手に持っている荷物には、何が入っているのだろうと考えてみます。

散歩では、咲いている花に心を寄せ、木の葉を触って感触を楽しみ、自動販売機の商品ラインナップやその変化に関心を寄せます。

感性を磨いて過ごせば、何もなかった一日などありません。

クスッと笑ったり、少しイラッとしたり、思わぬところで年齢を感じたり、人に話せるようなことは佃煮にできるほどあるものです。

その感性を磨くために、退屈を楽しめているかを心に問うてみてください。

手帳の空欄とは、何でも入る宝箱。

さて、何をしましょうか。楽しみですね。

ささいな日常に心を動かせば
退屈な一日は消えてなくなる

——変わっていく今日の自分をただ楽しむ

19 がんばりじまい

年を取ると頑固になると言われますが、私はそうは思いません。さまざまな経験をして、間違いのない方法を多く心得、それを貫いてきたのです。それだけがんばってきたのだと、胸を張ってもいいでしょう。

この「がんばる」は、しかめ面をしないでがんばるという意味で「顔晴《がんば》る」と当て字をしたり、自分の我を張るという意味で「我張《がんば》る」と書いたりすることがあります。

「顔晴る」は、**〝何かの目標のためにがんばるなら、つらそうな顔をせずに笑顔**

でやりましょう〟という、励ましや自戒の意味で使われます。

問題なのは、「我張る」の方です。ここには、そのがんばりは、**〝自分が〟というう我を張っているだけなのでは〟**という警鐘の意味があります。

仏教以前のインド哲学では、迷ったり悟ったりする根源的な主体を「我（アートマン）」としました。これが本当かどうか、私は証明する術を持ちません。

しかし仏教では、「すべては縁の集合体で、その縁は変わっていく、これはいつでもこういうものという不変の実体はない」という空の考え方から、**「我」にも実体はない**とします。私は、この考え方には共感できます。

昔の自分と今の自分は違っていますし、今まで〝しまえなかったこと〟が〝しまえるようになった〟など、これからも変化していくのは明らかです。

今日の自分は、昨日から一日分経験を積んだので、昨日の自分とは違います。

欄外から一言！

好きなことをしているのなら、
嫌な顔しなさんな

労多くして実り少ない我を張るための我張りと、「私はいつでも私である」という、空を無視した我。

この二つのがんばりは、無理をしている状態です。

人生も後半に入ったら、流れに身を任せてニュートラルな我でいる道を選んでも、たいした問題ではありません。

「私にとってはたいした問題だ」と思うなら、「これが〝我を張っている〟状態なのかもしれないな」と気づくことが大切です。そして、**「私は変わるし、変われるし、変わっていい」**ことも、自分に言いきかせておくのです。

変わらないことを望むのではなく、変わっていけることを楽しみにできる心の自由さ、おおらかさの、なんと頼もしいことでしょう。

がんばってもがんばらなくても、昨日と違う今日のあなたを、今日のあなたと違う明日の我を、楽しみにして生きていきましょう。

顔をしかめてこらえるよりも
晴々とした顔でおおらかに

——変化していく自分は、常に「未意味」

20 自分探しじまい

「私の人生って、どんな意味があるのだろう」と、ふと思うことがあります。

私たちは、人のため、家族のため、自分のためなど、その意味や理由がはっきりしていれば、どんなことでも積極的に取りくめます。

その経験から、自分の人生にも、きっと何か意味があるはずだと思います。

しかし、「人生の意味って何ですか」と聞かれたとき、私は決まってこう答えます。

「人生に決まった意味はありません」

多くの人は「えっ？　無意味ですか？」とびっくりしますが、私が言いたいのは、**まだ意味が決まっていないという意味の〝未意味〟**です。

私たちの人生に、決まった意味はないでしょう。

それは「自分探し」に似ています。**〝本当の自分〟は、経験による価値観の変化によって常に変化していきます。**

若い頃に旅に出たり、ボランティアに加わったりして〝本当の自分〟を探しますが、仮にそれが見つかったと思っても、それはあくまで「その時点での自分」です。「これだ」と思っても、後になって「本当は、違った生き方、やり方が私には合っていたのではないか」と思うのです。

変化していく自分の中に、本当の自分（不変の自分）を追い求めても、見つかりません。**そのとき、そのときが本当の自分ですから、やりたいこと、やるべき**

欄外から一言！

心も肉体も、変化し続けます

と思ったことに打ちこむしかありません。

人生は白いキャンパスに絵を描いていくようなものです。

幼稚園児だった自分、小学生だった自分、社会に出た自分などの絵には、そのときの好奇心や、恋愛、夢、挫折、モヤモヤなどの気持ちが抽象的に描かれていきます。

残念ながら、一度描いたものは、消しゴムで消すわけにはいきません。

その代わり私たちは、重ね塗りをすることができます。

時間の経過とともに、絵は次々に塗り重ねられていきます。

失敗をそのままにせず、成功につなげれば、失敗の上に成功が塗り重ねられたことになります。逆に言えば、成功の絵の下に、失敗が残っているのです。

このようにして、絵は次々に変化していきますが、**その絵に自分でつけるタイトルが、その時点での〝人生の意味〟**でしょう。「やるだけやった」「未完」「人まかせ」「おかげさま」など、さまざまなタイトルがつけられます。

この絵は、あなたが死ぬまで完成しません。

この世からお別れするときの絵のタイトルが、あなたの人生の最終的な意味になります。

アメリカの文化人類学者のキャサリン・ベイトソンは「死というのは物語の終わりと同じです。死のタイミングによって、それ以前の物語の意味が変わるのです」と言っていますが、まったくその通りだと思います。

常に変化する自分や人生の意味を探すのはやめにして、毎日を笑顔で生きて、すてきな絵を日々塗り重ねていきたいものです。

欄外から一言!

あなたも私も、固有の実態などない無我。
つまり、可能性は無限大

変化していくすべての自分が
そのときどきの「本当の自分」

――「もう年だから」で、あきらめない考え方

21 年齢じまい

悲しいことですが、気力、体力、記憶力が減少していくのを実感する年齢です。それとともに増えるのが、「もう年だから」という言い訳かもしれません。

他人に対して言っているわけではなく、年齢を〝できない理由〟にして自分に言い聞かせ、できないことに納得したくなるのでしょう。

「できない理由を並べるのではなく、どうすればできるのかを考えろ」とは、よく耳にする言葉です。

四十代くらいまでの人に、「若いのにそんなことでどうするのだ」という戒め

としてよく使われますが、これは人生全般に通用する言葉でもあるでしょう。

四十代までに、できない言い訳をしないようになっておけば、残りの人生でも、さまざまなことに対して立ちつくしたり、後ずさりしたりしない生き方ができるようになります。

お墓参りにいらっしゃる人と話をすると「若いときみたいに旅行に行きたい」「あの頃に読めなかった本を、たくさん読みたいのですがね」とおっしゃる方は少なくありません。

そこで私が「やればいいじゃないですか」と言うと、「でも、もう年ですから」と、できない理由を一様に年齢のせいにします。

そこで意地悪な私は、待ってましたとばかりに、座右の銘を披露します。

「でもこの先〝今日より若い日はありません〟。やるなら早いほうがいいですよ」

後悔について調べたところ、若い人は、「やってしまったこと」を後悔する傾向があるように感じました。いわゆる〝若気の至り〟による失敗の後悔です。

一方、**年を取ると、「やらなかったこと」を後悔します**。

悔しいけれど、それをやる気力も体力もなく、時間も残されていないと考えているようです。

たしかに、自分の気力や体力を考えると、やりたくてもできないことがあります。しかし、ここで、やれない理由がまず頭に浮かぶようでは、四十代でクリアしておきたかった課題が達成できていないのかもしれません。

すなわち、「できない理由より、できるためにどうすればいいか考える」です。

年を取っても、やりたいことの規模や期間を小さくすれば、できることはあります。

欄外から一言！

今いるのはいつだって、
自分の人生という流れの最先端

旅行に行きたいなら、行き先を変更する、子どもや孫、知り合いの若い人の中から付きそいボランティアを募る。あるいは、日程を短縮すれば可能になる旅行は、いくらでもあります。

本を読みたいなら、本よりずっと軽く、文字も拡大できる電子書籍専用タブレットを手に入れる方法もあります。

武田信玄公の言葉に**「一所懸命だと智恵が出る、中途半端だと愚痴が出る、いい加減だと言い訳が出る」**があるそうです。「もう年だから」という言い訳が出るのは、いい加減な思いしかないからかもしれません。

ここぞという気概を持って、智恵を発揮しましょう。

できない言い訳や理屈が多くなるのを〝おいぼれ〟と言うそうです。

あなたには、まだまだ、できること、動けることがたくさんあります。

年齢を言い訳にしない考え方のヒント

小さく小さくしてみれば、
いくつになっても
“やりたいこと”はできる！

コラム 2

決めなければ、動けない お釈迦さまを悟りに至らせた不動の心とは？

お釈迦《しゃか》さまが八十歳で亡くなったあと、残った弟子たちは、「どうすればお釈迦さまのように悟りを開けるのだろうか？」と考えました。

その結果、たどり着いた一つの結論が、〝不動の心〟でした。

私たちは「～したい」と思っている間は、行動に移せません。実際に行動するには、「～する」と決めること、すなわち、心を不動にすることが不可欠です。「悟るぞ」と決めないと修行も何もはじめられないことに、弟子たちは気づいたのです。

たとえば、断捨離をしようと思っているだけでは、断捨離できません。「断捨離をする」と決めないと、動きだせないのです。

食事のときも、何を食べるか決めないと迷い箸になります。

あなたが今、身につけている服やアクセサリーも、「これを着よう、身に着けよう」と決めています。もし決めていなければ、まだパジャマのままです。

そんなことはいちいち決めてない、適当にたんすから取りだしたものを着ているだけだとおっしゃる方もいるでしょうが、その場合も「適当でいい」と決めたのです。

別の言い方をすれば、「決めたらあとは動くだけ」ですし、「動けないのは決めていないから」ということです。

この本でご紹介する「〇〇じまい」ができないのは、単に〝決めていないから〟とも言えます。

その場合は〝決められるようになるまで待つ〟と決めればいいでしょう。

これでも一つ決めたことになるので、心のストレスは少なくなります。

こうした悟りに至る行動原理を象徴する仏さまが、おっかない顔をして、躍動感に満ちた姿をしている不動明王《ふどうみょうおう》なのです。

第3章

欲のしまい方

怒り、イライラ、嫉妬……心が乱れる原因の多くは「欲」。
欲をしまえば、おだやかな心が戻ります。

――自分で自分を特別だと思えれば、それでいい

22 見栄じまい

人には、認められたい、目立ちたい、不安を隠したいなどの欲求があります。

そう考えると、**つい見栄を張ってしまうのは、認めてもらえていない今の自分に自信がないことと、裏表のようなもの**なのでしょう。

アメリカの作家であり、医師のオリバー・ホームズの名言に、**「注目されたいという願いほど平凡なものはない」**がありますが、目立ちたい気持ちの裏には、自分を特別な存在に見せたいという願いがあります。

これに対して、一つの解を与えてくれるのが、お釈迦《しゃか》さまが誕生して最初に口

にした**「天上《てんじょう》天下《てんげ》唯我《ゆいが》独尊《どくそん》（天の上にも天の下にも、自分という存在そのものが尊い）」**という言葉です。これは、人類初の人権宣言とも言われます。

あなたは生まれたときからずっと、世界で唯一の人間です。それだけで充分特別です。もし、特別な人間だと思ってもらいたいなら、自己アピールをして見栄を張るのは逆効果。**自分なりに特別でいれば、それでいい**のです。

あとは他人が判断する問題です。

不安を隠したいがために見栄を張るのは、自分はたいしたことがないという劣等感を隠すため。その劣等感は、見せかけの見栄では埋められません。

見栄を張っても、よいことはほとんどありません。

試しに、あなたの周りにいた見栄っ張りの人を思いだしてみてください。

食事をおごったり、高級品を身につけたりするのにお金がかかります。本当の自分をさらけ出していないのが周囲にわかるため、信用されにくくなります。

欄外から一言！

聞いていて気持ちのよい自慢話は、故郷自慢と親自慢

自信がないために話を盛ったり、大げさに話したりしているのは自分が一番わかっているので、ますます自信を失い、ますます見栄を張ることになります。

まさに、**癒えない喉の渇きを潤すために、海水を飲むようなもの**です。

次に、あなたが見栄っ張りな人にどう対処したかをふり返ってみてください。

話半分だと思って、多くを聞き流すでしょう。距離をおいたり、ときには、「そんなに見栄をはらなくても」と、ズバリと指摘したりしてきたでしょう。

私は「そのうそ、ほんと?」と、冗談っぽく相槌《あいづち》を打つのを常としています。

見栄を張りたい自分を意識するのは、今の自分を否定しなければならないので、とても勇気が必要です。しかし、**人生後半では、その勇気を出し、見栄を手放し、等身大の自分で歩いていきたいもの**です。

そのためには、コツコツと重ねてきた「お礼が言える」「笑顔で挨拶《あいさつ》ができる」「やれることはやっている」などの小さな成功体験をふり返ることです。

自分で自分を認められれば、見栄を張る必要はなくなります。

自分を大きく見せたい心が終わりのない苦しみを生む

―ねたみがあなたの心をねじ曲げてしまう前に

23 比較じまい

五段階の成績表で、一から五の子どもの割合が決まっていたのは昔の話。現在は、その子ができたかどうかの絶対評価に変わっています。

しかし、成績や偏差値などで、他と比較して自分の場所（ランク）を確認するのが当たり前の時代に育った世代は、比べてしまうというクセが抜けず、心乱れることが多くなります。

ある僧侶は**「比べて喜ぶと、他を傷つける。比べて悲しむと、己を失う」**という名言を残しています。

誰かと比べて自分のほうが勝っていると思うのは、ある意味で傲慢《ごうまん》です。もし相手がそれを知れば、見くだされている、バカにされていると思うでしょう。

これが**「他を傷つける」**という意味です。

ヘタをすれば恨みを買うことになるので、心はおだやかでいられません。

一方、**誰かと比べて悲しめば、自分を惨めにします**。

競争で二位の人がやることは、悲しむことではく、自分の実力をアップさせる努力です。惨《みじ》めになったり悲しんだりすれば、自分がやるべきことが見えなくなってしまいます。これが**「己を失う」**という意味です。

比較をしてもいいのは、二つの場合だけでしょう。

一つは、**過去の自分と今の自分を比べて、よくなったところを発見すること**。

「昔はつまらないことで意地になっていたけど、今では大抵のことは『たいした

欄外から一言!

他人と比べて自分の立ち位置を決めるのは、誤りです

問題ではない』と思えるようになった」と自分をほめられるようなら合格です。

二つ目は、**比べてうらやましいと思うこと**です。「うらやましい」は自分もそうなりたいという願望が含まれています。そのために努力すればいいのです。

努力できないなら、相手を称賛して終わりにしましょう。人をうらやみながら努力しないでいると、**「うらやましさ」は相手を引きずりおろしたいという「ねたみ」に変貌し、あなたの心をサザエのしっぽのようにねじ曲げてしまいます。**

他と自分を比べて得意になりがちな人、逆に、他と自分を比べて劣等感にさいなまれている人は、比較してしまう環境から、意識的に自分を離しておいたほうが心はおだやかでいられます。

私は五十代になってから、五年ほどかけて比べることから離れられました。比べない勇気を持てば、気持ちがとても楽になり、心を覆っていた雲が払われ、誰とも比べなくていい、輝いている本来のあなたが現れます。

「比べない勇気」を持つことが自分で自分を認める第一歩

"良い比較"とは？

- 過去の自分と比べて自分をほめること
- うらやましいと思い努力すること

でも「うらやましい」は一歩間違うと…

「ねたみ」の気持ちが起きそうならその場を静かに離れましょう

「なぜ？」と問いかけ、自分の感情のクセに気づく

24 イライラじまい

人は感情の生き物です。毎日、喜怒哀楽を感じながら過ごしていますが、できれば負の感情は手放したいと思うのが人情です。

もちろん、僧侶の私も人間なので、感情はあります。

イライラし、カチンときたりします。しかし、心おだやかな人になるという目標を達成するために、負の感情をコントロールする努力をしています。

その努力を続けることで、コントロールにかかる時間が早くなりました。

まず大切なのは、イライラするたびに、「イライラするのはもうこりごり。こ

のままくり返せば、一生イライラして過ごすことになる。そんな人生はごめんだ」と強く思うことです。こうして、**イライラに対する自分の態度を明確にし、自分の中に根づかせていきます。**

今では、イラッときてからこの思考に至るまでに、数秒です。

次に、自分がイライラしている理由を考えます。

イライラも苦の一種ですから、その原因は、苦の定義「自分の都合通りにならないこと」（54ページ）にほかなりません。

では、なぜ自分の都合通りになっていないのかと、思考を深めていきます。

自分の努力が足りない、気力や体力が劣っている、周りの状況がうまくかみ合っていないなど、思い当たる理由がすぐにいくつか見つかります。

見つかれば**「そういうことだから、うまくいかないのは仕方がない」と納得できて、イライラはスーッと去っていきます。**

欄外から一言！

やさしさ、勇気、自己顕示欲、諸行無常、イライラ、すべてが悟りの材料です

誰かの言動にイライラする場合なら、**相手なりにこれまでの経験から重ねてきた考えがあるので、それを変えることは難しい**と納得します。

いったい何を考えているのだと怒りたくなったら、「そうか、何も考えていないのかもしれない。それなら、こちらがじたばたしても仕方がない」と思いましょう。それだけで、イライラメーターはぐんと下がります。

そして、次のイライラが来たら、また同じ思考をくり返します。

この作業をイライラするたびにくり返せば、解消までの時間が驚くほど早くなり、イライラじまいができます。

私は今では、わずか数分で**「イライラするのはバカらしい」**と納得できるようになりました。

正の感情も、負の感情も、すべてが悟りの材料です。

イライラという材料を上手に活かして、心おだやかに生きていきましょう。

イライラしている心をながめてみて負の感情をコントロールする方法

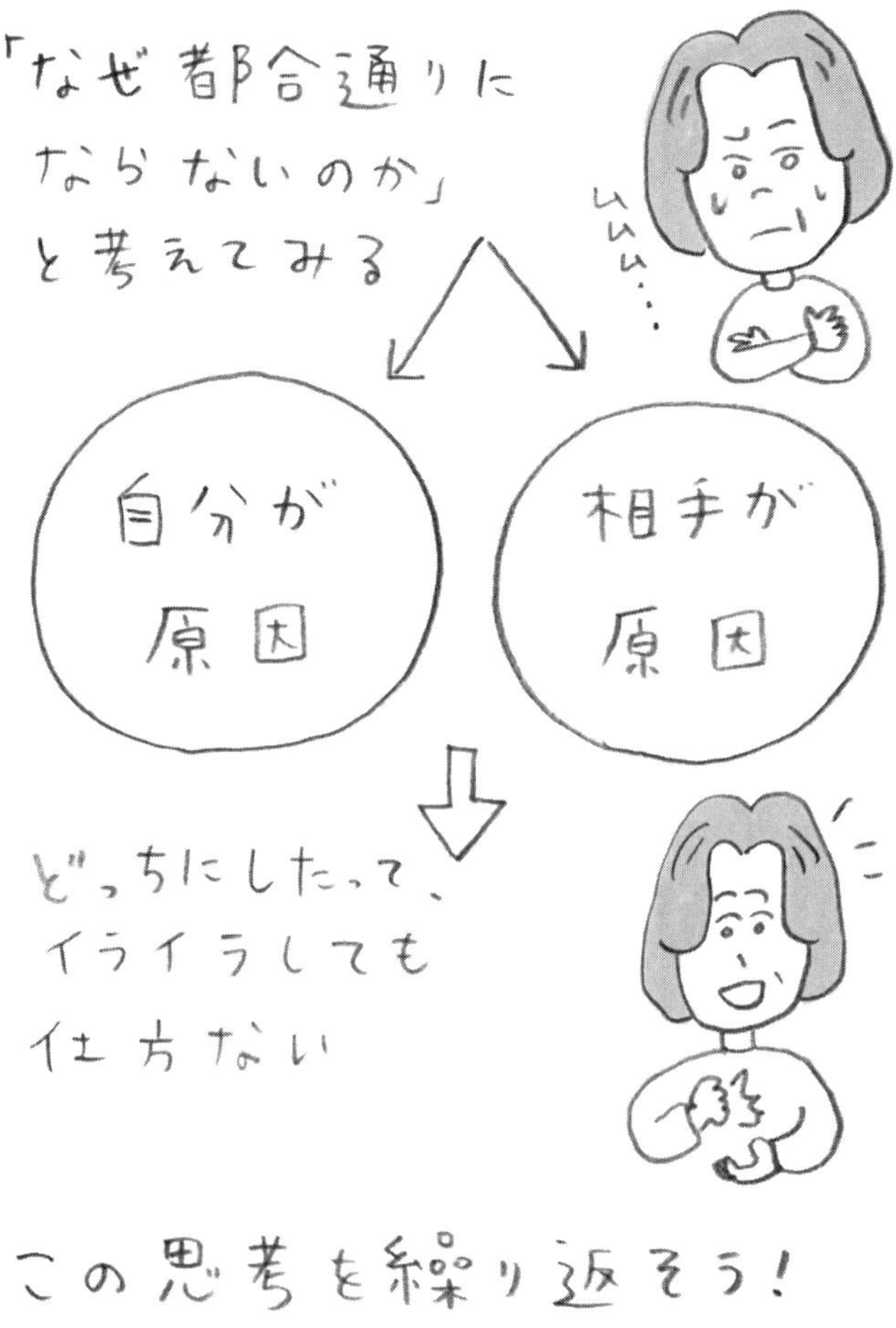

――人生の終わりに後悔しないために

25 損得じまい

いつの間にか染みこんでいる考え方の一つに、「損得」があります。

〝損得勘定〟〝損得ずく〟はよくないとわかっていても、つい普段の暮らしの中で、「そんなことをしたら損」「こっちのほうが得」と、物事を損得の天びんにかけて判断してしまうのが私たちです。

そうこうしているうちに、気がつけば、人生の選択肢を損か得かで決めるようになってしまいます。

「損」と考えれば舌を出すのも嫌がり、「得」と考えれば人を裏切ったり、だましたりするのも厭《いと》わないのですから、損得で動く人は信用されなくなります。

一方、〝損得抜き〟は、すがすがしい気っ風のよさを感じます。判断基準が損得ではなく、誠実かどうか、楽しいかどうか、幸せかどうかなのです。

人生の前半は、自分や家族の生活を経済で支えていかなければならないので、どんな仕事をするのが得か、誰とつきあったほうがいいかなど、コストパフォーマンスという名の損得で考えてしまうのは、仕方がありません。

そのほうが、回り道をせず、人生前半で設定した目的地に効率的にたどり着けることがあるからです。

しかし、人生後半になったら、損得抜き、否、**損得は意識から消して生きたいもの**です。そうしないと、**人生の終わりに「自分の人生（仕事、結婚など）は損だったか、得だったか」という味気ない価値観で幕を引くことになりかねません。**

欄外から一言!

今日一日 、してもらったことの、多いこと

あなたのお葬式で、遺影のあなたを見て「損な人生を送りましたね」と思う人がいたら、柩《ひつぎ》の中から「余計なお世話だ」と叫びたくなるでしょう。

とはいえ、言うは易しとのことわざ通り、人生は損得ではないと気づいてから、その価値観を手放すのに、私の場合、十年ほどかかりました。

そこで、提案です。**同じソントクなら「尊・徳」にしてはいかがでしょう。自分の行いは尊いか、徳が表れているかを一つの価値基準、判断基準にするのです。**

尊い人は、後ろ姿にも合掌したくなる人です。

徳のある人は、中国古典の『菜根譚《さいこんたん》』によると「**小さな過失はとがめない、隠し事はあばかない、古傷は忘れてあげる**」人です。

私はこれに「**損得で物事を考えない**」を加えてもいいと思います。

そろそろ損得の殻を脱ぎすて、すがすがしく生きてみませんか。でないと、せっかくの人生後半がもったいないと思うのですが、いかがでしょう。

同じソントクなら
「損得」より「尊・徳」で

——そろそろ、自分で自分をほめましょう

26 ほめられたいじまい

ほめられたい、認められたい、愛されたい（注意を向けてもらいたい）、役に立ちたいは、私たちが生きていくうえで大切なモチベーションになります。

考えてみれば、この四つのうちのどれかが私の原動力になって、子どもとして、僧侶として、住職として、夫として、父として、エッセイスト（?）として、社会の中で、それなりに充実した日々を過ごしてきた気がします。

ところが、四十代で、この四大欲求には大きな落とし穴があることに気づきました。それは、どれも相手が必要なのです。

私のことをほめてくれる人、認めてくれる人、愛してくれる人、役に立てる相手がいないと、生き甲斐も感じないまま、生きていかなければなりません。

そんな事態を避けるために、人に気に入られるように行動したり、ご機嫌を伺ったり、役に立っていることをアピールしたりすれば、心身ともにクタクタに。加えて、他人からの評価でしか自己の存在を確認できないので〝自分の人生〟を生きていることにはなりません。

僧侶は、他人からの評価にふりまわされずに生きることを基本にしています。「これについて自分はどうだろうか」と自己評価をして、大丈夫と納得したり、まあまあと妥協したり、まだまだと反省したりしながら悟りに向かうのです。

極端なたとえですが**「外と連絡が一切取れない（他人から評価してもらえない）無人島で、心おだやかに、充実した人生を送る」**が、仏教が目指すところです。その境地のまま現実の社会で生きるのが、仏教の醍醐味《だいごみ》の一つです。

欄外から一言!

ほめられたい一心では、自分を見失います

そのために心得ておきたいのは、**自分で自分をほめ、認め、愛し、何かの役に立っていることを知っておくこと**です。

私なりにやれることはやっているとほめ、認めるのです。このとき、世間の常識を土台にしたり、他と比較したりはしません。あくまで自己評価が基本です。

自分を愛することは、「自分はどうだろうか」と、自分で自分に注意を向けること。自己嫌悪も、自分を溺愛するナルシシズムの感覚も排除しましょう。

「自分のこと、嫌いじゃない」というレベルで充分です。

役に立っているかどうかを自分で判断するのは難しいですが、長い時間や変化していく社会では、**自分で気づかなくても、何かの役には立っている**ものです。

私には、幸いにも、私をほめ、認め、愛し、役に立っていることを知ってくれている存在がいます。本堂にいらっしゃる本尊さまです。

あなたなら、ご先祖たちがその役割を果たしてくれます。

仏壇で、あるいはお墓の前で、それを確認してみることをお勧めします。

自分で自分をほめ、愛し、認めたとき
他者の評価は必要なくなる

私が私をほめる！

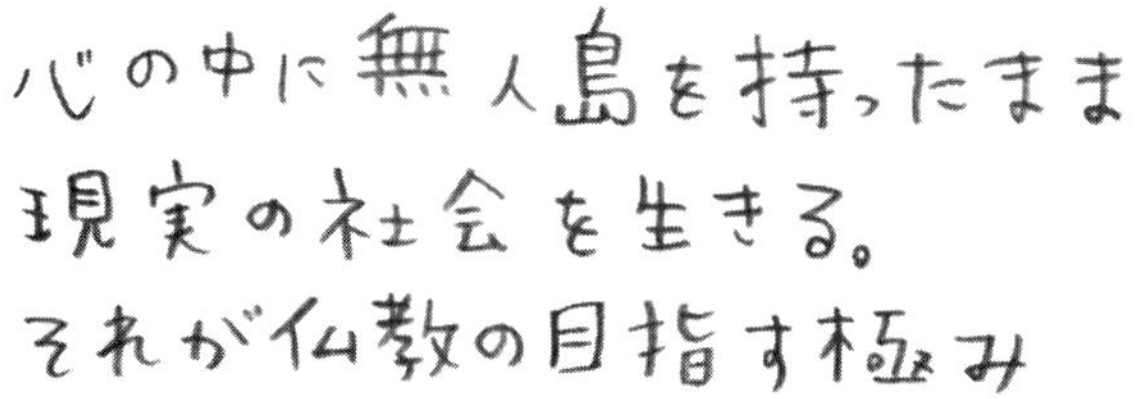
心の中に無人島を持ったまま
現実の社会を生きる。
それが仏教の目指す極み

27 足りないじまい

——欲が多いと、死ぬまで心が休まらない

仏教では、心おだやかに生きるために「少欲知足《しょうよくちそく》」の教えが説かれます。欲を少なくするだけでなく、足ることを知るという意味です。

また別の表現に、「知足寂静《ちそくじゃくじょう》」があります。

「これで充分」と考え、足ることを知れば、心乱れることは少なく、静かで落ちついた気持ちでいられる時間が増えるというのです。

〝これではまだ不安、まだ足りない〟と恐怖心を元にして生きていれば、死ぬまで心は休まりません。つい買い置きをしたり、買いだめに走ったりしてしまうのも、こんな心理なのかもしれません。

考えてみれば、**私たちが生きていくのに本当に必要なものは、それほど多くない**でしょう。引っ越しのあと、段ボール箱を押し入れにしまったまま数カ月、あるいは数年も生活する人は少なくありません。

段ボールの中の荷物は、いらなかったということです。

大切なのは、追いたてられるような「まだ足りない」という気持ちがあるかぎり、自分は満足できないと気づくことです。

これで充分と思える心こそが、揺るぎない幸せの核になると気づくことです。

古代ギリシャの思想家プルタークは「人生の幸福が何であるかを知ったら、お前は人の持っているものなど、うらやましがる必要はない」と言っていますが、まったくその通りだと思います。

私流に言いかえれば**「これで充分、私に必要なものはすでに持っていると気づけば、足りないからと欲しがらなくてもすむ」**ということでしょう。

欄外から一言!

どこかで満足できる人が、一番の幸せ者

「少欲知足の心で生活することが幸福だとわかったら、人の持っているものをうらやましがったり、自分が持っていないからといって、むやみに欲しがったりする必要はない」ということです。

それはそうかもしれないけど……と釈然としない人は、**「私は足りない症候群？」**と疑いましょう。

そんな人に、江戸時代から言われている豪快な言葉をお贈りします。

惜しや欲しやと思わぬ故に、今は世界が我がものじゃ――

あなたが持っていないもの、足りないと思っているものは、本当はすべてあなたの所有物だと考えるのです。スーパーマーケットで売っているものから、飛行機や発電所にいたるまで、すべてあなたのものなのですが、今はそれを誰かの商売に使わせてあげているだけ、貸してあげているだけ。

そのように愉快に考えて〝足りない〟を卒業し、この先の人生を平穏な気持ちで過ごしませんか。

今のままで十分だと気づくことが幸せへの近道

――「やりっ放し」が心の重荷を軽くする

28 見返りじまい

仏教が説く「布施《ふせ》」の原語はダーナと言います。

この言葉が音写されたのが旦那で、意訳されたのが「施しを広く伸べる」という意味の布施です（世の旦那と呼ばれる人は、布施をしないといけません）。

この布施を細かく言えば、施しをする者とされる者に、「施しをした、された」という意識がないのが理想とされています。

「〜してあげた」と言いたくなったら、布施にはなりません。

なぜなら、心おだやかな境地を目指す仏教では、**「〜してあげた」は、こちら**

の勝手な思い込みで相手に恩を着せることになると考えるからです。

古歌にあるように「**恩は着るもの、着せぬもの**」が基本。

簡単に言えば、見返りを求めたりせず、無条件で施しをすることが布施の精神で、いわば、「**やりっ放し**」**の美学**です。

しかし、それでもやはり、「せっかくしてあげたのだから、少しは報いてくれてもいいはず」と考えたくなるのが人情でしょう。

こうした、やったことに対して公正な見返りがあるはずという思考の流れ（思い込み）を「**公正世界仮説**」と言います。勉強すればいい大学に入れる、いい大学に入れば幸せな人生が待っている……、これらもすべて同じことです。

もちろん、それがうまく作用することもありますが、家に泥棒が入ったら、「戸締りをちゃんとしないからだ」「現金を家に置いておくからいけない」と被害者を非難したくなるのも、世界が公正であるという思い込みが原因なのです。

欄外から一言！

ご恩返しのつもりでやってみたら？

私たちは、こうした思考の危うさを子どものころから経験してきました。

たとえば、**誰かを「心配」する気持ちは、その筆頭格**でしょう。

相手がこちらの心配している状態になってほしくないという思いは、つまり、自分の理想を相手に押しつけている側面があるのです。

心配は、理想の返事が来るのを期待して送る往復ハガキのようなもの。

求める返事が返ってくることは、ほとんどありません。親からもらった心配に、あなたがどれだけ応えられたかを考えれば、おわかりでしょう。

そうなると、「せっかく心配してあげたのに」と愚痴がこぼれます。

「これだけ心配してあげたのに、もう知らないからね」と突き放したくなります。

まるで、過保護と放任の両極で人づきあいをしているようなものですから、いつまでたっても心はおだやかになれません。

やったことに対して見返りを求めるのはそろそろ終わりにして、「やりっ放し」でいきませんか。羽毛のように、心が軽くなりますよ。

誰かに親切にすること、それ自体が喜びや満足感をもたらす

見返りを求めないことで
心おだやかに生きる。
それが「やりっ放し」の美学！

——人を賢くするのは、過去の思い出より未来への責任感

29 肩書じまい

今の若者の就職活動では、履歴をふまえたエントリーシートが主流です。「履歴書」とは違って、何をしてきたかではなく、過去の経験を使ってこれから何ができますか、何をしてみたいですかを問うのがエントリーシートです。

次々に状況が目まぐるしく変化する時代なので、過去の実績や肩書などは、特急列車の車窓の景色のように、あっと言う間に流れさってしまいます。時間を逆戻りさせ、かつての肩書の威光を傘にしても、尊敬は得られません。

「次世代を担う若者たち」という言い方を耳にしますが、彼ら、彼女たちは次世

代ではなく、現在を担っている事実を肝に銘じておきたいと思います。

もちろん、豊富な経験は、効率化や人間関係を円満にするノウハウの宝庫です。しかし〝能ある鷹は爪隠す〟で、培ってきた能力や、そこに付随する肩書は、何かのときに役に立てればそれでいいと割りきりたいものです。

私がときどき思いだして姿勢を正す、三つの言葉があります。

「過去をふり返るのは、何かを生みだすときだけでいい」（D・エストラーダ）

「人を賢くするのは、過去の思い出より未来への責任感である」（B・ショー）

「どうせ……は、心の赤信号」（N芳彦）

昔の話をした後に、「それに比べて、どうせ今は……」と言いたくなるのは、自分を惨めにするだけ。

「昔はよかった」ではなく「昔もよかった」と言えるようになりたいものです。

欄外から一言！

過去をふり返るのは、
何かを生み出すときだけでいい

「どうせ今は……」は、過去の経験をもとに発せられる言葉で、**過去に生きている人の口癖**です。

一つの結果は同じ状態を保てないという「諸行無常《しょぎょうむじょう》」の大原則は、いつの世も変わりません。「昔はこうだったから、きっと今も」と判断するのは、諸行無常の原則を無視しているのです。

何かはじめるとき、過去の思い出（経験値）は力を発揮しますが、子どもたちのため、将来の国や社会のため、そして、自分の未来のためという責任感があってこそ、賢い智恵が生まれます。

かつての肩書からは、智恵は生まれません。

肩書じまいをして、謙虚な姿勢で、未来に対する責任感を少し持って、これからを過ごしていきたいものです。

肩書にとらわれるのは
過去に生きてしまっているから

―幸せになる勇気が持てない理由

30 恨みじまい

「自分の不幸を誰かや何かのせいにしている人は、絶対に、その誰かや何かを許さない。許すと、自分が不幸である理由がなくなってしまうからである」

この言葉は、友人の僧侶が、亡くなる二週間ほど前に病床から送ってきたメールの一節です。

これを読んで、私の脳裏に二人の友人の顔が浮かびました。

彼らは異口同音に、「寺の住職の長男に生まれたから、仕方なく坊さんになった。弟や妹は自分たちのやりたいことをやっている」と、何十年も愚痴を言い続けていました。

私は二人の友人の愚痴を聞くたびに、情けなく、さみしく思っていましたが、その思いは病床からのメールで腑に落ちました。

幸せかどうかは自分が決める問題です。

自分の不幸を誰かや何かのせいにし続ければ、「私がこんなになったのは、あのせいだ」と責任転嫁できるので、自分は不幸のままでいられるのです。

逆に言えば、「自分は幸せだ」と思えば幸せになれるのに、幸せになる勇気がないと言えるかもしれません。

仏教で蓮《はす》の花を大切にするのは、泥水の中にしか根付くことができないのに、きれいな花を咲かせるからです。蓮は泥色に染まることもなく、「こんな色になったのは泥水のせいだ」と文句を言うこともなく、黙ってきれいに咲きます。

欄外から一言!

あんたが悪いと指を指す、
でも三本は、自分を向いています

蓮は、たとえ自分を取りまく環境が過酷でも、劣悪でも、心にきれいな花を咲かせられることを教えてくれているのだと、仏教では考えているのです。

誰かを恨む心には、そのせいで自分が不幸になったとの思いがあります。ことわざにあるように「人を呪わば穴二つ」。人を呪い殺そうとすれば、その報いを自分も受けて、自分用の墓穴をもう一つ掘ることになります。

恨みは晴らすのではなく、許す勇気を持ちましょう。

私もかつて、人を恨んだことがありました。恨むことに疲れたとき、**人を恨み続ける精神的なエネルギーの総量は、許すエネルギーとほぼ同じ**だろうと思いました（当時は不幸のままでいたかったのでしょう、許せませんでした）。

恨みにエネルギーを使い続けるより、許す一瞬にそのエネルギーを使いましょう。あなたは、幸せになっていいのです。

誰かを恨み続けるより
許し「幸せになる勇気」を持とう

コラム 3

あなたと私は同じ その共通項への気づきが慈悲を育む

慈愛に満ちたお姿の観音さま。

やさしくて、許す包容力のある人を「あの人、観音さまみたい」と表現するのは、もっともなことだと思います。

仏教の教えは、慈悲と智恵の二本柱。心おだやかな人になるには、この二つがどうしても必要だとするのが、長い間の思考と分析が導き出した一つの結論です。

慈悲はやさしさと考えていいでしょう。

慈は「楽を与えること」、悲は「苦しみを抜くこと」です。

誰かを幸せな気持ちにする言葉を発していられるなら、「慈の実践者」。

苦しんでいる人や悲しんでいる人に寄り添うことができれば、「慈の行者」です。

慈悲が発生するには、相手との何かしらの共通項に気づく必要があります。

とりあえずの話題が「いい天気になりましたね」なのは、その日の天気がお互いの共通項であることを、私たちは経験的に知っているからでしょう。

誰でも親がいて、同じような悩みを抱えています。

最終的には、今日、地球に生きている者同士という共通項もあります（これを意識すれば、戦争は回避できると思うのです）。

そういった共通項を排除して、「あなたはあなた、私は私」と割りきってしまえば、慈悲の発生する土壌が乏しく、やさしさは期待できません。


同じ時間、同じ空間を共有することで生まれる、共通項。

こうした慈悲を象徴したのが観世音菩薩《かんぜおんぼさつ》です。


あなたと私は一緒ですね、同じですね――

この共通項を形にしたのが、合掌です。

第4章

習慣のしまい方

いつの間にか「当たり前」になっていた習慣の数々。
案外、やめても問題ないことばかりかもしれません。

――なぜ家事が嫌なのかと、心に一度問うてみる

31 家事じまい

仏教の修行で、掃除はとても大切にされています。

お釈迦《しゃか》さまの弟子の中に、とてももの覚えの悪いシュリハンドクという人がいました。そこでお釈迦さまは、「塵《ちり》を払え、塵を払え」と言いながら掃除するよう指示します。

日々、教えられた言葉を唱えながら掃除をし続けた彼は、心の塵まで払われ、やがて立派な聖者になったと伝えられます（彼の墓にみょうがが生えたので、日本では「みょうがを食べるともの忘れをする」という俗信が誕生しました）。

この逸話のように、空気の入れかえをはじめとして、散らかっていたものをき

れいにしたり、整理したりする掃除は、心の掃除、整理に通じるものがあります。

とはいえ、それでも、**「掃除をはじめとする面倒な家事を放棄したら、どんなに楽な生活ができるだろう」**と想像することは、誰しもあるでしょう。

そんなときは、家事を面倒で嫌なものだという考え方そのものと向き合ってみることをお勧めします。

仏教には、**〝煩悩即菩提《ぼんのうそくぼだい》〟**という言葉があります。

煩悩とは心を乱す考えのことです。心の乱れがあるからこそ、その乱れを解消して心おだやかになれる方法が見つかるというのです（菩提＝悟り）。

家事を嫌だと思えば心が乱れます。まずは、ただ顔をしかめ、嫌だ、面倒だと愚痴を言っている状態から、一歩道を踏み出してみましょう。

その道とは、**「私はどうして家事が嫌なのだろう」**と考えることです。

欄外から一言!

楽じゃなくても、楽しむことは できるはず

「自分ばかりやっているのが納得できない」
「家事のせいで自分の時間をほとんど取れない」
「家事そのものが面倒」

このように、自分が何を嫌がり、心が乱れているのかを考えてみれば、おのずと理由が見つかるはずです。

自分ばかりやっているのが悔しいのなら、家族会議を開き、家事の分担について意見を出しあってみるといいかもしれません。

自分の時間が取れないなら、同時に二つのことをやったりして、効率性をアップさせる手もあります（私は、洗濯物を干すときにベランダを掃除します）。

家事そのものが面倒なら、どこかで手を抜いてしまいましょう。

物事を上手におさめる方法を聞かれたある識者は、**「重箱に詰められたみそを、**

丸いしゃもじですくうようにすればいい」と答えたといいます。四隅のみそは残りますが、**隅をつつくような完璧さを求めないほうがいい**というのです。

掃除、洗濯、料理、その他の名もない家事は、あなたが「やって気持ちがいい」と思えるもの以外は手を抜いて、とりあえず、心の負担を軽くする。

どんなことでも、やってみないとわからないことがあります。**家事を手抜きしてみたら、百点を目指さなくても問題ないことがわかるでしょう。**

私の場合は、「家事は面倒なもの」と割りきっています。そのうえで、「面倒でもやらなくてはいけないことがある」と覚悟を決め、楽しむようにしています。

私にとって、風呂掃除は水遊びの延長です。掃除は汚れていたり、散らかっていたりする場所を見つける宝探しですし、料理は素材や調味料の化学反応を実験するようなものです。**人生には、楽でなくても楽しめることがありますが、家事もその一つ**かもしれません。

生活が人生にならないように

家事は「気持ちがいい」を優先して ほどほどでよしとする

重箱のみそを丸くすくうような
いい加減を大切に
四隅の取りこぼしは気にしない!

——片づけに追われず、人生を楽しむための「悟り」と「覚《さと》り」

32 片づけじまい

年を取ると、探し物をする時間が増えていきます。

「あれはどこに置いたかな。そんなに広い家ではないのに……」と独り言を言いながら、数時間を捜し続けることもあります。

さほど広い家でもないのに、探し物が大変だとしたら、これは記憶力の問題より、物があふれ、引き出しや箱など、しまう場所も多いからかもしれません。

長いあいだ同じ家で暮らしていれば、自然と物が増え、そこに、**物を使う⇓片づける⇓また使う⇓また片づけるという循環**が生まれます。

若いときはその循環をこなす体力も気力もありますが、お正月のお飾りの下を六十回以上もくぐり続けた年齢になると、そうはいきません。

延々と続く探し物や片づけの時間と体力を別のことに使えば、人生の後半戦で多くのことができるでしょう。

お釈迦さまは弟子たちに「歌や踊りに夢中になってはいけない。習得に時間のかかる歌や踊りに興じていれば、修行の時間がどんどん減ってしまう。そんな悠長なことをしている暇はない」と説きました。

自分の時間を何に使うかを考えるうえで、示唆に富んだ話です。

今の時代なら、お釈迦さまは**「そう多くもない人生の残り時間の中で、探し物や片づけに時間や体力を使うのは考えものです」**とおっしゃるかもしれません。

探し物や片づけが面倒だと感じたとき、あるいはそんなことに時間を取られるのはもったいないと思ったら、まず物を減らしましょう。

物と片づけの関係はシンプルで、物が減れば、片づける手間も減ります。

欄外から一言！

ときどき、心の、荷物の整理

とりわけ見落としがちなのが、床に置いてある物です。箱などを床に置けば、その上に、次々に物が置かれます。箱の中の物が将来の探し物になるだけでなく、置かれた物を片づけるために、新たな場所が「物置き場」になります。

真に大切なものだけを残し、あとは全部処分するくらいの覚悟は持ちたいものです。

覚悟は、**「悟りを覚《さと》る」**と書きます。

〝自分の時間を確保するためには、探し物をしたり、片づけたりする時間を減らせばいい〟と明確にするのが「悟り」です。

それを肝に銘じて実行するのが、「覚り」です。

物にあふれた暮らしは、探し物は見つからないし、片づけないと部屋は散らかる一方です。それに費やす時間と体力にうんざりしたら、探し物をなるべくしない生活、片づけを極力しない生活をしましょう。

それによって、**自由に使えるあなたの時間があちこちから生まれてきます。**

限りある人生を
片づけに使うのはもったいない

33 貯金じまい

——〝将来〟のために貯めたそのお金、いつ使う？

将来のため、老後のために、コツコツ貯めてきた貯金。
気がつけば今、その〝将来〟や〝老後〟のただ中に自分がいます。
ここで問題なのは、人はいつまで生きているかわからないということです。
若いときに考えていた将来がいざ来てみれば、その将来は先に延びている。
生きている間はお金が必要なので、貯金はそのままにしておきたくなります。

江戸時代の古歌に、けっしてかなわない願いを並べた「幸せは、いつも三月花のころ、お前十九でわしゃ二十歳。死なぬ子三人親孝行。使って減らぬ金百両。

死んでも命がありますように」がありますが、お金は使えば減るのが道理です。

そして、いつまで生きるかわからない以上、減ると困ると思うのが人情です。

お金が減ることに不安を感じるなら『般若心経』の一節の**「不増不減《ふぞうふげん》（増えもしないし、減りもしない）」**という考え方は、知っておいたほうがいいでしょう。

お金は使えば減りますが、それは財布や貯金のお金ばかり見ているからです。

何かを買うのは、お金と品物を等価交換しているということです。

レストランでは、おいしいお料理に舌鼓を打つ代わりにお金を払います。

お金を払ってサービスを受けるのも等価交換で、**結果的にどれもプラス・マイナス・ゼロ（不増不減）**。〝何かの代わりに払うお金〟、それが代金の意味です。

私が信条にしているお金の使い方があります。

私の話し方の師匠、村上正行アナウンサー（一九二五年生）は、ニッポン放送開局と同時にNHKから移籍した方です。

欄外から一言!

お金は有効に使い、
なければないで工夫をしましょう

村上さんは、当時、現金で支給されていた給料袋を妻に渡すとき、「このお金は、僕が好きなおしゃべりを通してもらったありがたいお金だ。だから、**くれぐれも無駄に使ってくれよ**」と、必ず言ったそうです。

村上さんはさらに言います。「水道料金や授業料など、必要なものにお金を払って喜んでいる人はいないでしょう。玄関マットや銘々皿《めいめいざら》など、無駄なものにお金を使うときほど、妻はいい顔をしているんですよ」

とても愉快な考え方だと思い、私も無駄なものにお金を使うのをモットーにしていますし、妻が笑顔になる無駄な買い物には、文句はつけません。

貯金も含めて、お金はあくまで手段です。目的は、使ったときにはじめて達成されます。手段であるお金をいくら貯めても、使わないと意味がありません。

延々と先のばしされる〝将来〟のために貯金するのは、そろそろ終わりにしませんか？　他人からは無駄と思われるものでも、等価交換して、笑顔の多い日を増やしましょう。

今、幸せになるためのお金なら どんなに使っても「不増不減」

お財布のお金は減るけれど
よろこびは増える。
つまり プラス・マイナス・ゼロ！

34 家計簿じまい

——人生後半は、十円、百円単位で眉間にシワをよせない

昭和の時代は、婦人雑誌の付録に家計簿がついていました。その使い勝手のよさから、家計簿のために雑誌を買った人もいるでしょう。

家計簿の役割は、お小遣い帳と同じです。自分が何にいくら使ったか、いくらもらったか、それを週単位や月単位で客観的に見えるようにすることで、支出の癖や、無駄遣いの防止になります。

大人になれば、将来のために、自分の収支、家族の収支を知っておくのは大切です。生活設計に合わせて、貯金や投資、保険などにもお金を振りわけないといけません。そのため、家計簿は一家をスムーズに運営していく材料になります。

自分が所属している会の会計をやったことがある人は、帳簿（これもお小遣い帳の延長）のメリットはおわかりでしょう。

帳簿を一年間つけていると、その会がどんな流れで運営され、どんなことをしているのか、いくら経費かかっているのかを総合的に把握できます。

こうしたことは、会計をした人だけの特権です。

そして今や、家計簿はパソコンやスマートフォンで簡単に使えるようになりました。そうなった理由の一つは、レシートの保管から項目わけの記帳、計算に至るまで、たいへんな労力が必要だからです。

効率性を考えれば、ストレスのないデジタル家計簿にたどり着くのは必然。

ですから、頭の体操、認知症予防として、効率的で便利な電子家計簿に挑戦してみるのも悪くはありません。

欄外から一言！

たぶん、たいした問題じゃない

しかし、**もしあなたが、家計簿を続けてきたおかげで、身の程を知り、身の丈に合わせた暮らしができるようになっているのだとしたら、そろそろ家計簿じまいをしてはいかがでしょう**。

頭の体操ならまだしも、自分の暮らし方をチェックするために、十円、百円単位でつける家計簿の役割は終わったと考えていいのです。

家計簿をつけないとわからないような浪費は、もうしていないでしょう。

家計簿をつけないと、節約できないわけでもないでしょう。

家計簿をつけて、貯蓄のモチベーションを高める必要もないでしょう。

昭和の時代の八百屋さんが、店内に籠《かご》をぶらさげてお金の受け渡しをしたり、平気でおまけをくれたりしていたように、これからの人生は**大雑把《ざっぱ》などんぶり勘定でおおらかに生きても、お天道さまはニッコリ笑って見守ってくれます**。

身の丈に合った暮らしができているなら
そろそろ家計簿じまい

——生活の糧ではなく、「生きる意味」として働くために

35 仕事じまい

小学生に将来の夢を聞くと、ユーチューバーやパティシエなどのやりたい仕事、なりたい職業を答えます。大人になったとき、一日の大半、一生の大半を費やすことになる仕事が、将来の自分にとって大切だと考えているのでしょう。

一方、子どもたちの親の世代に聞くと、月に一回温泉に行きたい、年に一度は海外旅行に行きたいなど、生活の夢を答えます。

仕事の他に楽しみを見つけたいのかもしれませんし、仕事に打ちこむために、リフレッシュをすることが目的なのかもしれません。

仕事をするからお金が手に入り、必要なこと、好きなことに使えます。また、仕事に打ちこめば打ちこむほど、充実感や自己肯定感を持てるようになります。仕事は人生を謳歌するための大切な材料です。

ただ、仕事が持つこのような効用のためでしょうか、仕事が精神安定剤となり、定年を迎えても、仕事をしていないと落ちつかない人もいます。なかには、昭和の時代に揶揄されたワーカホリック（仕事中毒）の人もいるでしょう。

なにも私は、**高齢になってまで仕事に残りの人生を捧げるのはバカらしい、と申しあげるつもりはありません**。

一つのキーワードになるのは、〝**生涯現役**〟という言葉です。

この言葉を最初に聞いたとき、仕事抜きに生きられない不器用さを感じたのですが、実際に生涯現役をモットーにしている人と接して、彼らは仕事をしている

欄外から一言!

今日も人生の最前線、わが命の第一線

わけではないと気づきました。

彼らがやっていることは、仕事ではなく〝生き方〟なのです。

私の場合なら、僧侶は仕事ではなく、生き方です。たとえ住職を引退しても、悟りを志し、心を乱す煩悩を処理していく生き方を変えることはないでしょう。

生活と人生は違います。生活はそれを支える柱として、世間体や経済などが必要ですが、人生は見栄や損得などから離れた素の自分が大切になります。

いわば、**自分を支えるものをなくしたときに、自分自身が柱になるのが人生であり、生き方**なのです。

ですから、年齢を重ねたら、生活のために働くという考え方はしまって、**「私のやっているのは仕事でなく、生き方そのものなのです」**と言えるようになりたいものです。

そうすれば、いつまでも目をキラキラさせた生涯現役でいられます。

限りある人生を輝かせるために
仕事の意味を変えよう

年齢を重ねたら、
仕事を"生き方"にしましょう。
それが"生涯現役"の
キーワード

――一瞬の不注意で身を滅ぼし、悪名を広げる前に

36 運転免許じまい

高齢者の運転する車の事故が問題になり、自動車運転免許証の自主返納制度がスタートしたのは、平成十年（一九九八）でした。

警視庁の統計では、制度開始から二十五年が過ぎた令和五年の返納者は、七十五歳未満が十二万人、七十五歳以上が二十六万人で、合計三十八万人ほどです。

とても、便利な自動車ですが、重量は一トンをこえ、馬六十頭以上の力がありますす（軽自動車はメーカーの自主規制で六十四馬力以内）。

これを**コントロールできなければ、凶器に等しい**と言えるでしょう。

お釈迦さまの遺言といわれる『遺教経《ゆいきょうぎょう》』には、欲についての一節があります。

「戒《かい》をたもって心おだやかな生活をするには、まず自分の眼・耳・鼻・舌・身の五感の欲を知り、その欲をコントロールしなさい。五感の欲とは、見たい、聞きたい、嗅ぎたい、食べたい、触りたいという欲です。

この五つの欲は、生きるために必要ですが、杖で牛を誘導するように、轡《くつわ》で馬を御《ぎょ》すように制御していかなければなりません。杖なき牛や、轡なき馬は、意のままにふるまって害をなすことがあるからです。

五感の欲も、同じように抑制する術《すべ》がないと害を及ぼします。

その被害の大きさは、身を滅ぼし、悪名を広げ、一時にとどまらず、代々まで害が及ぶことになるのです」（名取訳）

お釈迦さまの言う欲と高齢者の運転が同じとは言いませんが、他人の命にかかわる事故を起こせば、「その被害の大きさは、身を滅ぼし、悪名を広げ、一時にとどまらず、代々まで害が及ぶことになる」に、身が引き締まる思いがします。

欄外から一言！

はじめるより、続けるより、
終わりにするのが大切なときがある

ウインカーを間違って出したり忘れたりする、歩行者や他の車に注意がいかないことがある、車庫入れのとき、塀や壁をこすることが増えたなど**「若い頃とちょっと違うな」「おかしいな」と感じたら、自主返納を考える時期**です。

免許を返納しても、免許証とほぼ同じデザインの運転経歴証明書の交付を受けて所持していれば、タクシー、バス、美術館、飲食店の料金割引や、金融機関の利息特典などが受けられます。

「免許があれば身分証明証がわりになる。実際に運転さえしなければ、免許を持っていても問題はない」と考えるかもしれません。

しかし、免許証を持っていて運転しないのと、免許を自主返納するのとでは、決意の強さが格段に違います。

バスや電車で、あるいは徒歩で、**時間をかけてでも、自分の足で歩いてみるのを新しい習慣にする決意をしてみませんか？**

そこにも、新たな喜びや発見があるものです。

あなたと家族の幸せを考え
新たな一歩を踏み出すとき

車が凶器に
変わってしまう前に
自分の足で歩き、喜びを見つける
新しい暮らしを

コラム 4

違う意見があってこそ智恵が生まれる「三人寄れば文殊の智恵」の本当の意味

お寺にいらっしゃる年配の方の多くが、気力、体力、記憶力の衰えを感じ、「年は取りたくない」とおっしゃいます。

それも年齢を重ねることの一つの側面ですが、いいことだってあるはずです。

ではここで、〝年を取ること〟にどんな側面があるのかを考えてみましょう。

たとえば、〝気にしない力〟が育まれるのも、年を取ることの一つの側面です。

若かりし三十代の頃に、風の便りに自分の悪口が耳に入り、悶々として眠れぬ朝を迎えた人もいるでしょう（私です）。

しかし、年を取って経験を積めば、自分を悪く言っている人がいると知っても「あ、あの人は、他人の悪口を言うと自分が偉くなったと思っている人なんだ。悪口が服を着ているような人だよ。歩く悪口だ」とスルーできるようになります。

そしてもう一つ、年を取ることに、うそや偽りはありません。

このように、年齢を重ねることの利点だってあるのです。


物事は、三つくらいの面から見ないと、本当のあり方がわかりません。

その三つの見方を一人でできるのが、文殊菩薩《もんじゅぼさつ》です。


残念ながら、同じ意見の仲良しが何人集まっても、智恵はなかなか発揮されません。一つの側面だけで話がもりあがり、それで終わってしまうことが多いからです。


自分とは異なる角度から物事を見る人の言葉（反対意見に聞こえることもあります）に耳を傾ける勇気を持ちましょう。

その勇気を持つのも、一つの智恵です。

心おだやかになるために、智恵はとても強い力を発揮するので、文殊菩薩は百獣の王ライオン（獅子）に載った姿で描かれています。

第5章

物のしまい方

思いのこもった大切な物や、何となくずっとある物。
思い切って手放せば、心も空間も軽くなります。

―心の免疫をつけ、物からの声を聴く

37 服じまい

世の男性たちがショッピングセンターに行って驚くのは、女性用のファッション系のお店の多さです。日本経済は、女性の購買欲と購買力が支えていると申しあげても、過言ではないでしょう。

普段着からフォーマルなものまで、着たい服、着なければならない服はさまざま。季節によって生地も変わります。そして、毎年変わる流行。

これらの条件を満たすには、膨大な量の衣服を保管しなければなりません。

しかし、**「三年着なかったものは、二度と着ない」**とも言われます。

私に関して言えば、まったくその通りです。

何かの記念で買ったり、大切な人にいただいたりした服もあるでしょうが、思い出だけを心にしまい、着ない服は処分してはいかがでしょうか。

たんすに隙間ができれば、購買欲の命ずるままに新しい服を買って、また入れることもできます。

せっかく処分したのに、新しい服を買えば元の木阿弥《もくあみ》と思うかもしれませんが、それでいいのです。**「処分する」という具体的な行動が大切**なのです。

実際にやってみれば、**「捨てようと思えば、捨てられるものだ」という、処分に対する心の免疫**ができます。

その免疫力が高まると、**家中の物から「私、もうこの家にいなくていいでしょ?」という声が聴こえるようになります**（私は聴こえるようになりました）。

その声に耳を傾けていると、徐々に不要な物が家の中から減っていきます。

欄外から一言!

決めないと、動けません

かつて、インドの僧侶は、際限のない欲を戒《いまし》める意味で、個人所有を認められた衣服は三着でした。托鉢《たくはつ》や王宮に招かれたときに着ける衣《ころも》、修行や勉強をするときの衣、そして寝るときの肌着です。

シンプルな暮らしや、必要最低限のもので暮らすミニマリストを実践している人たちに聞いても、着るものはワンシーズン上下三着あればいいと言います。

このように、**保有する服の数を決めてしまう方法は、処分に踏みきれない人にはよい方法**です。処分する服を選ぶのではなく、着る服を選ぶのですから。

何年も着てない服を見つけて、「なつかしい～」「この服まだあったんだぁ」と苦笑いしたり、はじけたポップコーンのように引き出しから飛びだす服にため息をついたりしているなら、シーズンごとに服の数を決めてしまいましょう。

上下三着でもいいし、三着だけ処分するのでも構いません。具体的な数を決めて実践するのです。大丈夫、やってみて服が足りないと思ったら、ショッピングセンターがいつでもあなたの来店を待っています。

数を決めてしまえば「心の免疫力」で服の声が聴こえるようになる

――空間と平面を占拠する、かつてのお気に入り家具たち

38 家具じまい

前項で、服じまいについてお伝えしましたが、服を少なくしてたんすの引き出しに空間ができたら、無理に空けておく必要はありません。

思いきってたんすそのものを処分してもいい時期ではないでしょうか。

他にも、三面鏡やサイドボード、客布団、なかには嫁入り道具もあるでしょう。

昭和の時代に作られたものは、一生ものとして丈夫で丁寧な作りをしていますし、材質にもいいものが使われています。布団も、打ち直しを前提に作られていました。まさにＳＤＧｓ（持続可能な開発目標）の先駆者的品々と言えます。

しかし、高級財布を持っていても中身がないのと同じように、**中身のないたんすは、単なる巨大な木製組箱**と考えることもできます。

応接間に置かれた重厚なサイドボードには、かつては海外旅行みやげの高級洋酒が並んでいたことでしょう。しかし、今や置物やハサミやボールペンの置き場と化していないでしょうか。そうなれば、これまた単なる木製の陳列用工芸品です。客布団も何度か打ち直ししたものの、宿泊客は減り、久しく出番はありません。仮に遠方からお客さんが来ても、近くのビジネスホテルに泊まる時代になりました。

これらを思いきって処分すれば、そこに巨大な平面と空間が誕生して、肘をぶつけたり、足の小指をぶつけたりして、うめき声をあげなくてすみます。

平面になった場所は、カーペットも畳もフローリングも昔の色のままで、床に

欄外から一言!

タマゴを割らないと、オムレツは作れません

幾何学模様が出現するので愉快です（それも数カ月で他と同じ色になります）。客布団を処分すれば、押し入れにも大空間が出現します。今は、空いた押し入れを洋服だんすがわりにするためのポールも簡単に手に入ります。

これまで、何度も家具の配置を変え、模様替えをして、気分を一新したことがあるでしょう。しかし、**たんすや家具がなくなれば、単に場所を変える模様替えとは違った配置が可能になります**。

方眼紙にその配置をイメージするだけでも、心がウキウキします。

処分するのはもったいないという思いと、新しい空間に思い描く夢の実現とを、ぜひ天びんにかけてみてください。

思いきって何かをやれる時間は、あとどれくらいでしょう。

「そのうちに……」なんて思っていると、何十年も変化のない〝今のまま〟が続きます。今月中、今年中と期限を決めて取りかかることをお勧めします。

“もったいない”という思いと新しく広がる世界を秤《はかり》にかける

39 食器じまい

——その罪悪感が食器棚をあふれさせる

陶器、磁器、漆器など、日本にはそれぞれ歴史ある産地が多いので、食器をそろえようと思えば、その数と種類はちょっとした料理屋レベルになるでしょう。

さらに、百円ショップには「これが百円？」と目を疑い、思わず手にとって素材や色合いを確かめたくなる食器がたくさん並んでいます。

こうして、徐々にお気に入りの食器が増え、やがて食器棚からあふれ出すと、食器たちは、他の空間へ居場所を求めて移動します。

友人の家にお邪魔したとき、食器棚にある食器の多さに「十人家族だっけ？

それとも、毎月パーティーをやっているの？」と聞いたことがあります。

すると友人は、「言いたいことはわかるけど」と言い、気づかない間にこんなに増えたんだよ」と苦笑いをしました。

オタマジャクシは卵から一気にかえりますが、手のしわのように徐々に増えれば、それほど意識しません。「どうして棚に食器が入らなくなったのだろう」と気づいてから、食器が増えたことを確認するのです。


数年に一回、思いだしたようにしか使わない食器ですら思いきれない理由の一つは、**「まだ使えるのに」という罪悪感**でしょうか。

しかし、**そのもったいない精神が、あなたの物理的、精神的負担になります。**

人生後半で、大切にしていたお金や人脈、見栄などを整理していくように、いつ集まるかわからない来客のための食器なら、整理したほうがいいでしょう。

最近では、デザインもバリエーション豊かなプラスチックや紙製の容器が簡単

欄外から一言！

余計な物を捨てていけば、
人生がごろんごろんと好転します

に手に入りますから、自宅に大勢人が集まるときは、それを使えばすみます。
ステータスを食器の種類や数で示さなくてもよい年齢になったのです。

手元に残す食器は、お気に入りのものを最優先に。

次に、自宅で食卓にあがる料理の種類を思いだして、深さ、径《けい》の幅、デザインをふるいにかけます。

私なら、ラーメン、うどん、そば、おでん、パスタは一つの丼ですませます。

何種類もお料理が食卓にあれば、ワンプレートに盛りあわせます。

焼き魚も焼きそばも、同じお皿でいいでしょう。

「最初は五つそろっていたのに、どうしていい器ばかり先に割れたり、欠けたりしていくのだろう」と諸行無常《しょぎょうむじょう》の儚《はかな》さを嘆かず、**「私はもう不要じゃない？」という食器の声に耳を傾けて、食器じまいをしたいものです。**

さよならする食器をふるいにかけて空間と心のゆとりを取り戻す

―少し丁寧に暮らしてみたいと思ったら

40 家電じまい

ここでは、私たちが感じるネガティブ、マイナスの感情である**「苦」の解消法**を簡単にご紹介して、家電じまいについてお伝えしたいと思います。

苦は、自分の都合通りにならないことから発生します。

都合通りになっていれば、誰も苦を感じません。

54ページでもお伝えしましたが、この苦を取り除く方法は二つあって、

①都合通りにしてしまう。

②自分の都合そのものを少なくしたり、なくしたりする。

西洋の文化圏では、前者の**「努力して自分の都合（願い）をかなえる」**方法を

取る傾向があり、**その代表格が電気製品、いわゆる家電**と言っていいでしょう。

技術の発達によって、家電は急速な進歩を遂げています。それは、今あるものがすぐに古くなるということです。新陳代謝の速さが家電の抱える問題点です。湯水のようにお金を使える財力と行動力があれば、古いものをどんどん処分し、時代の最先端の風である新しい家電に次々と手を出すのも悪くありません。

しかし、現状はどうでしょうか。

さほど広くもない家なのに、掃除機を二台以上所有している人は少なくないでしょう。オーブン電子レンジの横に手軽で安価なオーブントースターが置かれていたり、部屋数以上の加湿器があちこちにあったりする家もあるでしょう。

どうしてそうなったのかといえば、すぐに機能が追加されたり、省エネの新しい家電が登場したりするからです。

欄外から一言!

暮らしていくのに必要なものは、
そう多くはないでしょう

その流れ自体は、悪いことではありません。

使う人間に次々に新しい都合（願い・希望・欲）**が出てくる以上、それをかなえるために、技術者たちが全力を傾けて作られるのが家電**なのです。

しかし、部屋のコンセントの多くに二股以上のコンセントがささっていないと家電が使いきれなかったりするようなら、**思いきって家電じまいをして、あえて不便な生活を試してみてもいいかもしれません**。

掃除機の代わりにほうきとちり取りを使う、土鍋でご飯を炊く、電子レンジでなく鍋で温めるなどしてみるのです。

プリミティブ（原始的、根源的）な生活に自分の生活をはめ込んで暮らせば、キャンプ生活を楽しむように、人間のぬくもりを感じられる生き方ができるようになります。

便利さ（自分の都合）を求めるほど
暮らしに物があふれ出す

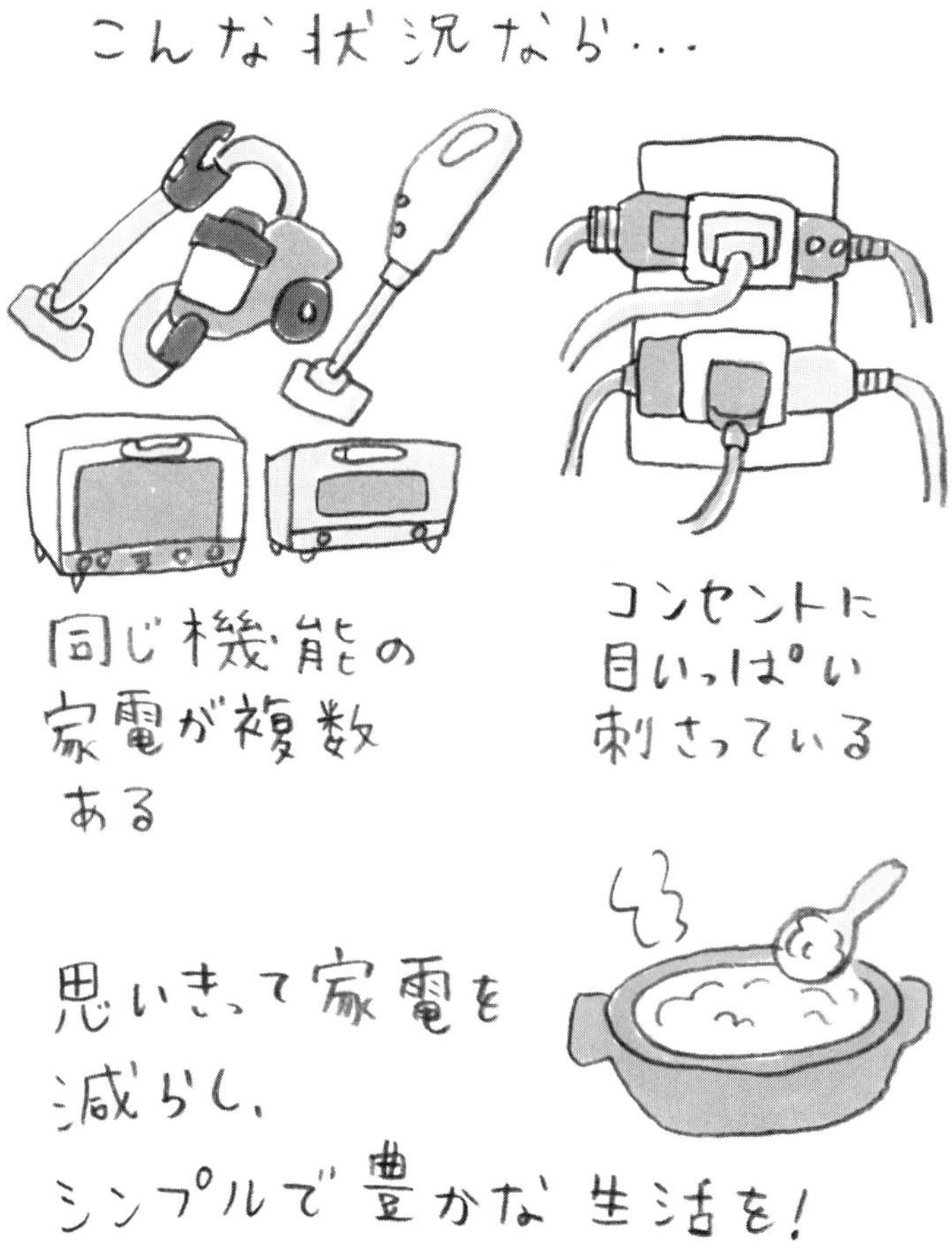

―詐欺のきっかけになるとして、警察も解約を推奨

41 固定電話じまい

詐欺電話は、日によって同じ地域の固定電話にかかってくる傾向があります。それは詐欺グループが、携帯電話のない時代に作られた町会名簿や学校の名簿を手元に置いて、片っ端から電話をかけているからです。

警察では、詐欺被害防止のために、警察官が一軒ずつ家をまわって、固定電話の解約と撤去を勧めているほどです。

しかし高齢の方の多くは、携帯電話を持っていたとしても、固定電話の解約には消極的です。その理由は大きく二つあるようです。

一つは、**電話を引いたときにお金を支払って得た加入権を持っていれば、いずれは売ってお金を稼げるのではないかという淡い期待**です。

しかし、ほぼ全家庭や会社に電話回線が入り、加入権が余る状態になったので、仮に権利の売買をする業者を探しても、かかる手間には見合いません。

また、電電公社が民営化されてＮＴＴになった時点（一九八五年）で、解約しても返金は一切ありません。

解約しても工事費などの解約金はかかりませんが、「一時中断」「利用休止」の場合は、止める際と再開する際に工事費が発生してしまいます。

もう一つの理由は、**固定電話の番号しか知らない昔の知り合いから連絡がきたときに困る**というものです。

しかし、何年もかかってこない電話のためだけに、基本料金や設置場所が必要な固定電話を持ち続ける必要はないでしょう。

欄外から一言!

あれこれ考えず、まず動いてみる

それはまるで、**もう二度と着ない昔の服を「また着られるときが来るかもしれない」とたんすにしまっておくようなもの**です（服の場合は場所をとるだけで、基本料金がかかりませんし、詐欺に使われることもありませんが）。

相手から連絡を取れる方法を残したいなら、あなたの携帯電話の番号を相手に伝えておけばいいでしょう。

令和四年十一月、および十二月に警察庁が把握している特殊詐欺事件では、詐欺グループからの最初の接触手段の約八十五％が電話で、そのうち約九十七％が固定電話にかかってきたといいます。

将来のために汗水流して貯めた大切なお金を、目先のこと、自分のことしか考えずに、安易に犯罪に走る愚か者に渡すことはありません。

加えて、若者が犯罪者になってしまう機会を与えたくはないものです。

商売でもしていないかぎり、本気で固定電話じまいを考えましょう。

固定電話の解約は詐欺からあなたを守る手段

――なければないで、案外やっていけるもの

42 テレビじまい

テレビを観ていないと、翌日、学校や職場で話題に入れない――

それは、日本中が同じ番組を観て、同じ音楽を聞いていた昭和の話。

家にテレビが初めて来る日を心待ちにした人、観音開きの扉がある総天然色のカラーテレビが家に来て、画像が映るのをワクワクして待った人。

家族でドラマ、プロレス、野球、映画のどれを観るかでジャンケンをしたり、ケンカになったりした人もいるでしょう。専業主婦は、家族が学校や仕事に行っている間、テレビを独占できる特権があった時代です。

しかし、**今は家にテレビがない、〝テレビじまい〟をしている人も少なくあり**

ません。タブレットやスマートフォンをテレビ代わりに利用している人もいますが、みんなで一緒に同じ番組を観たり、音楽を聞いたりする時代は、ソニーがウォークマンを発売した昭和五十四年（一九七九）に終わりを告げはじめていたのかもしれません。

テレビが一家に一台の時代から、一人一台になるまでにかかった時間は、二十年ほどだったでしょう。ラジオもありましたが、映像のあるテレビの魅力は、私たちを引きこんで余りあるものでした。

そのために、テレビがないと一日がはじまらないし、終わらないというテレビ大好き人間が、日本中に出現するようになりました。

かく言う私もその一人。**中学の弁論大会では「僕とテレビ君」の題で、勉強しないのを親がテレビのせいにするのは、親友とも言えるテレビ君に申し訳ないという趣旨を展開し、校内で優勝したほど**です。

欄外から一言！

情報の“暴飲暴食”になっていませんか？

しかし今や、テレビが全員にいきわたり、番組も報道、クイズ、旅、バラエティ、ショッピングなど、ほぼ飽和状態になりました。

すでに小学校では、テレビを含むメディア情報の長所と短所を考え、情報に左右されずに自分の意見を持つための授業が行われています。

このあたりで、テレビとのつきあい方を、考え直してみてもいいでしょう。

孫の世代が勉強していることを、おじいちゃんやおばあちゃんが知らない（興味がない）のは少し恥ずかしい気もしますから、**お孫さんがいるなら生徒になって聞いてみてはいかがでしょうか。**きっとわかりやすい講義が受けられます。

それでもテレビがないとつまらないと思うなら、それはテレビがないせいではなく、**自分の感性がつまらなくなっている**のかもしれません。

あえてテレビから離れて、テレビじまいに挑戦してはいかがでしょうか。

挑戦して、負けてもいいではないですか。

テレビは勝ち誇ることも、逃げも隠れもしません。

テレビじまいのヒントは
先輩である若者から授かる

＊サブスクリプション。定額料金で商品やサービスを利用できる仕組みのこと。映画やテレビ番組なども定額料金で見放題のサービスがあり、スマートフォンでも利用できる。

――使わない道具にお金を使い続けているなら

43 健康器具・美容器具じまい

多くの家にある足つぼマット。しかし、毎日使っている人はどのくらいいるでしょう。他にも、頭皮マッサージ、肩や足もみの機械、筋トレ用のゴムバンド、果てはヨガマットまで、使われずに放置された健康器具の数々。

多くの人にとって、健康はとても大切で、切実な問題です。

ですから、さまざまな会社が健康に関する商品を一生懸命に開発し、新聞やテレビのコマーシャルは、その効果を大いに謳《うた》います。

毎日欠かさずにやれば、散歩や軽い運動のように、それなりの効果があるのでしょう。しかし、長続きしません。健康な人は、特に何もしなくてもそれなりに健康なので、**どこか痛くなったりしないかぎり、今より健康になるための器具を利用し続けるモチベーションが保てない**のです。

わずかな年金しかない一人暮らしのご婦人は、三人の娘たちから、生活援助の名目で毎月三万円をもらっていました。しかし、二年ほどでそれを打ちきられてしまったそうです。理由を聞くと「娘たちが家に来るたびに、健康器具が増えているって文句を言うんですよ。そんなものを買うために援助しているわけではないって怒るんです」という答え。

娘さんたちにしても、健康でいたいという母親の思いはわかります。

しかしそれでも、コマーシャルにのせられて次々に買ってしまう行動を止めたい、自ら気づいてもらいたい、体の健康だけでなく、精神的な健康も取りもどしてほしいという願いがより強かったようです。

欄外から一言!

笑顔にまさる、化粧なし

美容にはほとんど興味がない私ですが、面白いと思うのは、美容器具の宣伝のすみに書いてある「※個人の感想です」のひと言。業者にとっては責任回避の言葉でしょうが、使うほうは「人によって効果が違うのなら、別のものなら自分に合うかもしれない」と、他の商品に目が移る効果を持つ言葉でもあるのです。

ココ・シャネルは**「二十歳の顔は自然の贈り物　五十歳（から）の顔はあなたの功績」**と言ったそうです。（から）は名取追補です。

シミもしわも、精一杯生きてきた勲章です。白髪を染めないグレーヘアもトレンドになり、美容室も相談に応じるだけの知識と技術は持っているでしょう。

どんなに体や肌の若さを保とうとしても、寄る年波には逆らえません。

過度な健康器具や美容器具、化粧品じまいをして、年相応の健康を保ち、年齢に応じた美容とおしゃれを楽しみたいものです。

波に逆らうのではなく、波に乗る（サーフィンを楽しむ）つもりで、**年齢を隠さず、飾りが落ちたときに現れる素の自分を磨いておくこと**をお勧めします。

素の自分を磨き
年齢なりの健康と美しさを楽しむ

——何でもスマホ頼りになっていると感じたら

44

スマホじまい

日本の携帯電話は、赤外線や電子マネー、防水機能など、独自の進化を遂げていました。大陸から離れたガラパゴス諸島で生物が独自の進化を遂げたことから、この時期の携帯電話は「ガラケー（ガラパゴス携帯）」と呼ばれています。

現在でもガラケーを使っている人は、古代の遺物のように「私はまだガラケーなんです」と自虐的におっしゃることがありますが、独自の進化を遂げたという意味ですから、もっと威張っていいのです。

今ではスマートフォンがすっかり身近なものになっていますが、もはや中身はパソコンと言っていいほど、さまざまなことができるようになっています。

同じ趣味や考え方を持つ人がつながる場として、ＳＮＳやインターネットの掲示板はとても便利ですが、その裏には、匿名で安易に他人を中傷できるなど、無法地帯さながらの混沌とした部分もあります。

使い方を暗中模索しているご高齢の方も多いでしょう。

あなたが閲覧したり、検索したりした履歴はしっかりと記録され、それをもとに、**あなたが知りたい、信じたい情報を予測し、自動的にスマホ画面に表示される**ようになります。

「どうして私が知りたいことが勝手に出てくるのだろう」と不思議に思っていた、つい数年前が懐かしくなります。

自分が知りたい情報を瞬時に収集、表示してくれる便利なスマホですが、情報

欄外から一言！

リアルな体験が、心を自由に広げていきます

の波にのまれ、もまれて、**本当に知りたいことや、したいことがわからなくなってしまいます**。自分が好きな番組を選ぶテレビやラジオとは違い、スマホばかり見ている生活は、**無意識のうちに、信じたい情報や好みの情報に囲まれてしまうのです**。

そのような場で、同じような意見や考え方に触れ続けているうちに、自分の思考を強固にしていくことをエコーチェンバー（反響室）現象と言います。

その結果、**自分の意見や考え方が正しいと思いこんだまま人生を歩むことになります**。自分と違う考えを受け入れられなくなるばかりでなく、それを排除しようとさえしてしまいかねないのです。

少しでも思い当たることがあれば、思いきって一日でも二日でも（できれば一週間）、スマホから離れてみてください。情報が少なくても充実した気持ちで日々を過ごす力を、あなたは人生経験の中からすでに得ているのですから。

一日でも二日でもスマホをしまい
情報から離れてみる

―いつかいつかでとっておき、結局使わずじまいなら

45 いつか使う物じまい

「〝今でなくても〟が〝遂にとうとう〟になることは如何《いか》に速やかなるぞ」は、十六世紀にキリスト教改革をなしたマルティン・ルターの言葉だとか。

仏教でも〝後回し〟は、後になって慌てて心を乱す、煩悩《ぼんのう》の一つです。

これと似ているのが**「いつか使うかも」が「結局使わない」になる状態**です。捨てるのを保留にして、後回しにした結果、使わない物で家があふれてしまうからです。

戦後の大量消費を謳歌した世代は、物不足の名残が身の周りにあふれていた時

代に育ちました。

〝もったいない精神〟〝まだ使える精神〟が心に深く染み、子育てにも「もったいないおばけ」を登場させて、その精神を子どもの心に根付かせた世代でもあります。

輪ゴム、包装紙、紐《ひも》、着なくなった服、履かなくなった靴、使わなくなったバッグ類などが、台所の引き出しや押し入れの隅、たんすやくつ箱の中で、物言わず、出動要請を辛抱強く待ち続けています。

しかし、輪ゴムはいつしかべとべとになってくっつき、弾力性を失います。保管していた包装紙や紐も時代後れのデザインになり、気づけば百円ショップで、バラエティ豊かでおしゃれなものを手軽に買えるようになっています。

捨てるのがもったいないと思う物でも、ただ保管するためだけに場所を割くほうがもっともったいないと考えるのは、そう難しくはないでしょう。

欄外から一言!

「いつか読もう」と思っている本、
読んだ試しがありません

こうした品々を処分すると、三ついいことがあります。

一つは、いつか使う物の保管場所をいちいち覚えなくてもよくなることです。

二つ目は、引き出しを開けて「ああ、こんな所に、これをしまっておいたのか。すっかり忘れていた」と自分に呆れることが少なくなることです。

三つ目は、しまってあった物を目にするたびに、どうにかしなければと心を乱すことがなくなるという利点です。


これまでの人生で、いつか使うと思い、保管していた物を実際に使って、**「やはりとっておいてよかった」と安心した回数**と、処分してしまった物を**「やはりとっておけばよかった」と後悔した回数**は、**おそらく片手で数えられるほど**ではないでしょうか。

そろそろ〝いつか使う物じまい〟をして、必要なときに必要な物を、必要なだけ使う暮らしをはじめてはいかがでしょう。

捨てるのを「後回し」にしていると
どんどん捨てられなくなる

―「これにて解散！」と号令をかける時期の見極め方

46 人形・置物じまい

友人から旅行みやげにもらったり、自分で買ったりして、いつの間にか増えていった置物や人形たち。その多くは、鑑賞のために棚やサイドボード、玄関などに置かれたりしているでしょう。

長期間飾ってあるものの中には、そこに置いたという意識すら消え、家具や調度品と一体になっているものがあるかもしれません。

ほこりはたまるし、掃除するときに、それらを一度持ち上げないといけないのも面倒です。

大切な人からいただいたものでも、しばらく鑑賞すれば、義理は果たしています。自分で気に入って買ったけれど、流行遅れになった、見飽きたり、かさばって困ったりしているものもあるでしょう。

ところが、そろそろ処分しようと思っても、姿形（特に目）があったり、思いがこもったりしているので、生ゴミや紙屑のように捨てるわけにはいきません。

そのため、何となくそこに居すわり続けることになります。

幸いなことに、日本の民芸品や人形（クレーンゲームで取ったものでも）は、海外の日本ブームも相まって、とても人気があるそうです。

木目込み人形、ひな人形や五月人形、兜《かぶと》、こけしなども人気だそうです。

ですから、**捨てるのがしのびないなら、文化交流の一環として、段ボールにまとめてリサイクル店に引き取ってもらう**のはいかがでしょうか。

ただし、リサイクル業者の中には、悪質なところもあります。

欄外から一言!

「長い間、ありがとう」の一言だけは、忘れずに

不安なら、人形などは、供養してから処分してくれるお寺や神社を探してみましょう。ただし、ガラスケースなどは自分で処分するのが礼儀です。

どれを処分していいか迷ったら、置物や人形を手に取って、心の中で**「私のそばに、まだいたい？」**と聞いてみるといいでしょう。

実際に答えてくれるわけではありませんが（答えるようならホラーです）、**その物に対するあなたの思いが答えとして返ってきます**。

その心の声に、従ってみてください。動かしてみて、昔の棚や板の色が日焼けせずに残っているようなら、それだけ長い間楽しませてもらった証です。

♪おもちゃのマーチ♪　ではありませんが、人形や置物たちが飛び出して、大騒ぎしているなら、**「これにて解散！」**の号令を、そろそろかけていい頃です。

「いつか処分しなきゃ」と思い続けなくてよい気楽さ、掃除の手間がないすがすがしさを味わってみませんか。

捨てるに捨てられない、そんな自分の気持ちと向き合う方法

47 形見じまい

——その思いが、あなたを縛る鎖になる前に

捨てるに捨てられないものの一つに、〝形見の品〟があります。

亡き人が残した品には、それぞれに故人の思いがあり、その思いを、残された人は物に重ね合わせます。

いわば形見は、故人の分身。処分するのに気が引けるのは無理もありませんが、先祖代々の家宝でもないかぎり、自分の代でけじめをつけたほうがいいものもあるでしょう（けじめは、処分だけでなく、誰かに引き継いでもらうことも含みます）。

亡き人が大切にしていたものは、故人が個人的な価値観で手に入れたり、作っ

たりしたものです。本人にとって、その時点で思いは完結しています。アクセサリーや置物などのインテリアも、それを身につけたり、飾ったりするのが、あくまで〝本人にとって〟心地よかったのです。

物に込められた思いは、見方を変えれば一つの執着《しゅうじゃく》です。

執着は「物事に固着して離れないこと。忘れずにいつも心に深く思うこと。とらわれ」という意味で、心を乱す煩悩の一つです。

執着している物や事があれば、それを失うことを恐れて、心はおだやかになれません。**執着は心を縛り、自由を奪うのです。**

そうした束縛から離れられるのが、誰もが迎える死の効用の一つでしょう。ですから、残された形見を、故人の思いを無下にしたくないと後生大事に持ち、縛られ続けることはありません。

それでも、故人の形見を処分するのは申し訳ないと思うなら、そんなときに

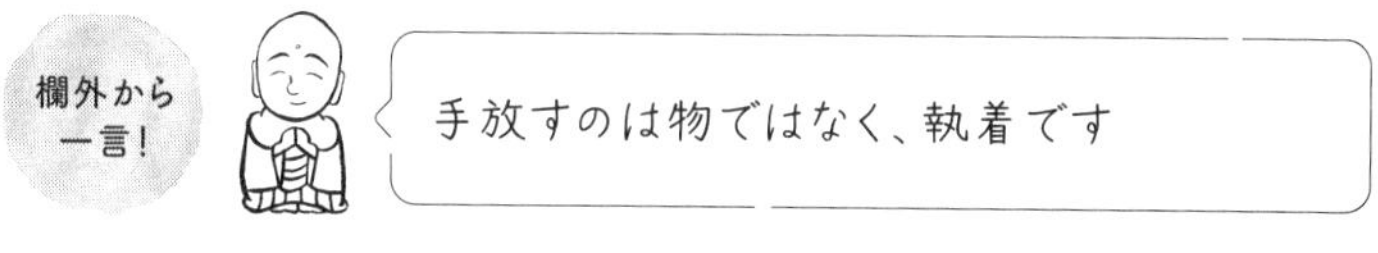
欄外から一言!
手放すのは物ではなく、執着です

は、近所のお寺や神社でお焚《た》き上げしてもらい、物から故人の思いを切り離してもらいましょう（もちろん、自分で処分できるなら、それに越したことはありません）。形見の品と分離された故人の思いは、お坊さんや神主さんがしっかり供養して（もてなして）くれます。

あなたが形見じまいをしても、亡き人が消えてしまうわけではありません。親の形見を処分しても、**あなた自身がもっとも大きく、貴い形見**なのです。現場の坊主として痛感するのは、人は死んでも無にはならずに、思い出と影響力を残すという事実です。

その思い出や影響力こそが、**何にも代えがたい〝形のない形見〟**です。形見じまいをすることで、少しでも負い目を感じるなら、故人のお墓参りをしたり、自分の家の仏壇でお線香をあげたり、近所のお寺の本堂の前で、故人からのおかげを感謝し手を合わせれば、それで十分です。

記憶に刻まれた思い出こそが何より大切な形見

―子どもが巣立ち、家が広すぎると感じたら

48 家じまい

♪せまいながらも　楽しい我が家♪　の歌詞で有名な『私の青空』（原曲はアメリカの大ヒット曲『マイ・ブルー・ヘブン』）。洗濯物を干しながら、あるいは家路を急ぎながら、ふとこの一節を口ずさんだ経験があるかもしれません。

政府が打ちだした所得倍増計画や、高度経済成長の時代を経験した人は、今日より明日がよくなっていく暮らしを実感した世代でしょう。

モーレツ社員やマイホーム主義という言葉が生まれた時代でもありました。猛烈に仕事をする企業戦士と、個人の生活を大切にするマイホーム主義は相反するように思えますが、それを両立させたのが、いわゆる団塊の世代です。その

人たちのおかげで、日本は敗戦から奇跡の復興を遂げたと言えるでしょう。

それから半世紀以上を過ぎて、住宅事情は変化していきました。

「マイホームを夢みて、四十年ローンで家を買い、定年を過ぎてもまだローンが残っている状態は、まるで家を手に入れるために働いているようなもの」とは、一九五八年（昭和三十三年）生まれの、私の同級生の言葉です。

「私が苦労してローンを払い終わったマイホームを、うちの子どもたちは誰も欲しがらないんだ」とせつなそうに言います。

子どもたちはそれぞれ独立して、離れた場所で自分の家を持ち、暮らしているので、いまさら実家をもらっても困るのかもしれません。一方で、かつての子ども部屋には、子どもたちの机や家具がまだ残っていて、手をつけられません。

こうなったら、**思いきって家じまいを考える時期**かもしれません。

欄外から一言!

お墓が“終(つい)の棲家(すみか)”なら、家はすべて“仮住まい”

今の暮らしに合わせて、平屋や少し小さな家への住み替えを考えるのです。

あるいは、高齢者用のホームに入居する方法もあります。

昭和の終わり頃には、セカンドライフを夢見る人のために、山間や海辺にコミュニティのような区画が開発されました。しかし、高齢になった人が住める環境ではなく、ゴミ問題や医療の問題からゴーストタウン化していきます。

こうした経験と、バブル期の遺物をリゾート施設として再利用する観点から、リゾート型のホームも運営が充実してきました。

多少の経費はかかっても、新しく入る家やホームの関係者に、今住んでいる自宅を処分する手続きを進めてもらえるでしょう。それができなければ、地元の不動産屋に相談する。これは、空き家問題の解消にも一役買うことになります。

この世での最後のマイ・ブルー・ヘブン、せまいながらも楽しい我が家に住み替えるのだと思えば、面倒に思うことでも前向きに対処できますよ。

小さくとも心地よい
暮らしのサイズに合った家

暮らしの大きさに合わせて
家の大きさも変えていく

コラム 5

周りのすべての人に自分を育てた恩人として手を合わせる

多くの仏さまがいる中で、僧侶の姿をしているのが、お地蔵《じぞう》さまです（かんむりやカブトをかぶったお地蔵さまもいます）。

仏教には、お釈迦《しゃか》さまが亡くなった後、五十六億七千万年後に弥勒菩薩《みろくぼさつ》が現れて人々を救うという、SFじみた予言があります。

その間、六道《ろくどう》にいる者たちを救い続けてくれるのが地蔵菩薩です。

六道とは、天、人、修羅、畜生、餓鬼、地獄の六つの世界のことです。

「傘地蔵」をはじめとして、あなたの町のどこかにも祀《まつ》られている六地蔵は、この六つの世界で活躍する地蔵たちを表します。

「村の外れのお地蔵さまは、いつもにこにこ見てござる」と童歌《わらべうた》にもあるように、江戸から地方に続く六街道の出発点や、村から出る道の起点には、お地蔵さまが建てられ、道中安全を守る仏さまとして信仰を集めていました。

また、赤ちゃんがつけるよだれ掛けをしていることが多いように、子どもの守り本尊として信仰されているのはご存じの通りです。


地蔵の原語は、サンスクリット語でクシティ（大地）ガルバ（子宮）。大地や子宮が命を育てるように、さまざまなものを育てる力を象徴した仏さまです。

お地蔵さまに手を合わせるときは、ぜひ、自分を育ててくれた数々の恩を思いだしてみてください。

親や先生、友人など、あなたを教え導いてくれた人だけではありません。

「あんな人にはなりたくない」と思い、反面教師としていた人も含めて、すべての人を、あなたを育ててくれた恩人と考えるのです。

その感性を持ってお地蔵さまに手を合わせたとき、ありがたいという感謝する心が生まれ、心おだやかな時間が増えます。

あなたもお地蔵さまに負けない、にこにこ顔になります。

第6章

風習のしまい方

古くから続く風習も、少し重荷に感じはじめたら、
おしまいにして身軽になりましょう。

――心を込めて最後の一枚を送る

49 年賀状じまい

年賀状は、直接会えない遠方の方に新年の挨拶《あいさつ》を送るためのものでした。

一年のはじまりに、相手の多幸を祈りつつ、つつがなくすごしている自分の近況を報告する意味もあります。

しかし、年賀状のやりとりが重荷になったり、わずらわしく思ったりするようになっているのなら、いさぎよく〝**年賀状じまい**〟をしてもいいでしょう。

年賀状をやめても、相手との関係性がなくなってしまうわけではありません。

季節の変わり目や暑中など、気分が向いたときに、簡素な近況報告や相手の健康を祈る一文を添えたハガキを送るだけでも、こちらの気持ちは充分通じます。その際には、相手の負担を考慮して、「返信は不要です」の一言を末尾に添えられたら、よりよいですね。

また、自分が出したのに、相手から来ないことを不満に感じるようなら、それもそろそろ、考えをあらためたいものです。手紙に白紙の便箋を一枚つけるのは、この紙を使って返信してくださいという意味もあるそうですが、返事を押しつけているようにも感じます。それと同じで、こちらの勝手で送るハガキに返信を期待するのは、〝価値観の押しつけ〟〝趣味の押しつけ〟と言ってもいいでしょう。

仏教で説く布施《ふせ》の基本は、ギブ&テイクではなく、見返りを求めないギブ&ギブの、やりっ放しの精神です。そのほうが、ずっと気楽に過ごせます。

人生後半の目的地に向かって航路を変えるには、今までのやり方にけじめをつけて、**実際に「やめる」という一つの推進力**が必要です。

欄外から一言！

人生の荷物を、一つずつ降ろしていく

推進力がないと、舵をいくら切っても航路は変わりません。

最後の一枚を送る際には、通常の挨拶のあとに、体力的に大変になったことなど、年賀状じまいに至った説明を加えれば、「わかる」と理解してもらいやすくなります。「何か気に障ることをしたから？」と相手が心配しないように、こちらの事情であることを伝えるのです。

そして、文末は、末永いお付き合いをお願いする一文で結びましょう。

〝最初だと思えば謙虚になる。最後だと思えば丁寧になる〟は、私の座右の銘の一つ。人生最後の年賀状として出すなら、精一杯の心をこめて、凝りに凝った丁寧なものを書いて、有終の美を飾りたいものです。

私なら、茶目っ気を入れた「あいうえお作文」を作るでしょう。

ねん入りに　がんばってきた　じょう上の　じんせい　まだまだ　いきますこれらかも

毎年忘れずやってくる重荷を手放し 一年の終わりを身軽に迎える

——全国一律の風習から、そろそろイチ抜けた！

50 お中元・お歳暮じまい

お中元やお歳暮の時期になると、デパートやショッピングセンター、郵便局に至るまで、日本全国、世界各国のバリエーション豊かな品々が用意されます。

お世話になっている人へ、半年のお礼の気持ちを込めて贈るのがお中元。

一年間お世話になったお礼として贈るのがお歳暮。

どちらも、人間関係の絆を保ち、強めるために行われる伝統的な風習です。

主従、師弟、本家分家、親戚などは、贈り物をしないと関係が消えてしまうものではありませんが、感謝の気持ちを添え、ちょっとしたものを贈るのです。

それは、私たちが、持ちつ持たれつ、助け助けられて暮らしていることを昔から意識してきたからでしょう。

また、お世話になっている人に「この時期が旬の、これを食べさせてあげたい」「この店の、おいしいこれを召し上がっていただきたい」と、相手の顔を思い浮かべて贈ることもあります。


しかし、感謝は季節のハガキや手紙などでも表せます。

品物を贈るという部分に関しては、やめてもいいかもしれません。

現役を退いたのであれば、仕事関係の人への贈答品は回数を少なくし（お中元だけやめるなど）、徐々にフェードアウトしてもいいでしょう。

きょうだいや親戚関係では、冠婚葬祭の出席を次の代に譲る時期がきたり、辞退したくなったりしたら、ぼちぼちやめ時かもしれません。

やめると相手に失礼ではないかと思うのは、あなたの世代まででしょう。

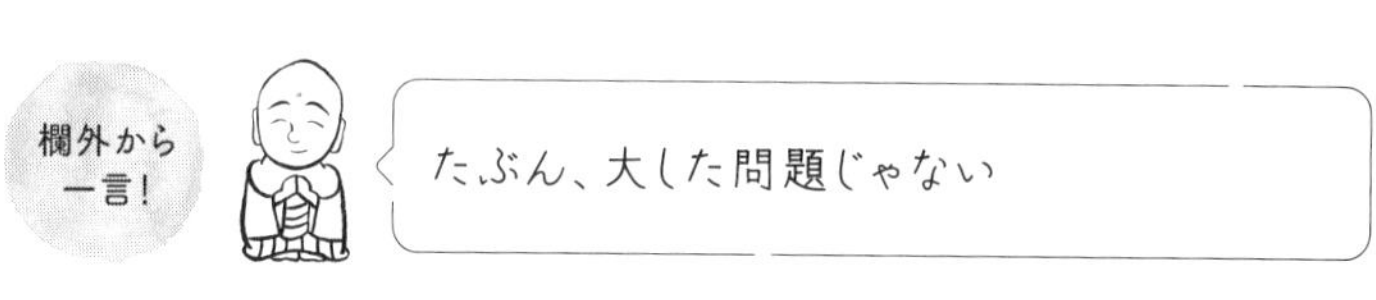

〝持ちつ持たれつの関係であるという意識を双方が持つべき〟〝世の中はそういうもの〟という社会や時代の中で生きてきたからです。

「あの人からお中元やお歳暮が来ているか」をチェックして、来ていればよしとし、来ないようなら関係性を見直す……。

もちろん今でも、そうした義理人情を重んじる人も少なくありませんが、長年付き合ってきた相手がどんな人かは、あなたが一番よくおわかりのはずです。

お中元やお歳暮という、日本全国一律の、期間限定の風習として行われている付き合いじまいをすれば、初夏と年末恒例のヤキモキした気分も解消します。

その代わりに、**自分が食べておいしいと思ったものや、いただいてうれしかったものがあれば、季節や風習に関係なく、心をそえて大切な人に贈る、あなた独自の風習、習慣を作ってはいかがでしょう。**

季節を問わず
贈りたいものを大切な人に贈る

――便利な時代に感謝し、その恩恵を享受する

51 おせちじまい

♪もういくつ寝ると　お正月♪　と歌いながら、正月という言葉を聞いただけで心がウキウキしていたのは、いくつの頃だったでしょう。

大みそかまでの慌ただしさがうそのように、下着やお箸を新しくしてもらったり、親にもあらたまって「明けましておめでとうございます」と挨拶をしたりして、新年の晴れやかな空気に包まれるのが楽しみでした。

漫画『サザエさん』では、お正月になれば、お父さんは着物を着て、子どもたちはコマ回しや羽根突きをします。『サザエさん』は、作者の長谷川町子さんが

子どもだった頃の感性で見た世界が、そのまま漫画になっていたのです。

こうした感性の名残が、おせち料理にもあります。

江戸時代に庶民に広まったと言われるおせち料理には、**新しい年を迎えるのにあたっての夢、願い、祈りが詰まっているから**です。

エビは腰が曲がらないよう、黄金《こがね》色の栗きんとんはお金が貯まるよう、ナマスはおめでたい紅白、ごまめはマメに働けますように、数の子は子孫繁栄……。

まるで洒落の宝庫です。


それぞれの家で年末に作られるおせち料理は、日持ちする調理が基本です。

そこには、女性が少しでもお正月をゆっくり過ごせるようにという意味があったようですが、そのような役割が必要とされていたのも、今は昔の話。

コンビニでも、一品一品のおせち料理が手軽に手に入る時代になり、デパートやレストランでは、一流のシェフが腕を振るった豪華なおせちが予約制で用意さ

欄外から一言!

人生は長い時間をかけて、
“いい加減”について教えてくれる先生です

れます。予約制にすることで、フードロスも赤字も防げるのだそうです。

そんな便利な時代を「近頃はなんでも便利になって」と嘆く向きもありますが、それは少々、感性が鈍った大人になってしまったということかもしれません。

便利になったのはいいことです。その恩恵をみんなが受けています。

あとは、**便利さに感謝してそれを享受するか、手間暇がかかるおせちを作る覚悟を決めるか**です。

食べるのが専門の私のような人間は、その家独自のお袋の味のおせちを食べたいので、せめて数種類は作ってもらいたいなぁ、などと思っています。

家族に手作りおせちの人気投票をしてみてもいいですね。

上位三品は手作りし、それ以外は買うなどしておせちじまいをして、楽に、おいしく新年を過ごすのもいいものです。

家庭の味と市販品を組み合わせて
おいしく、楽に新年を迎える

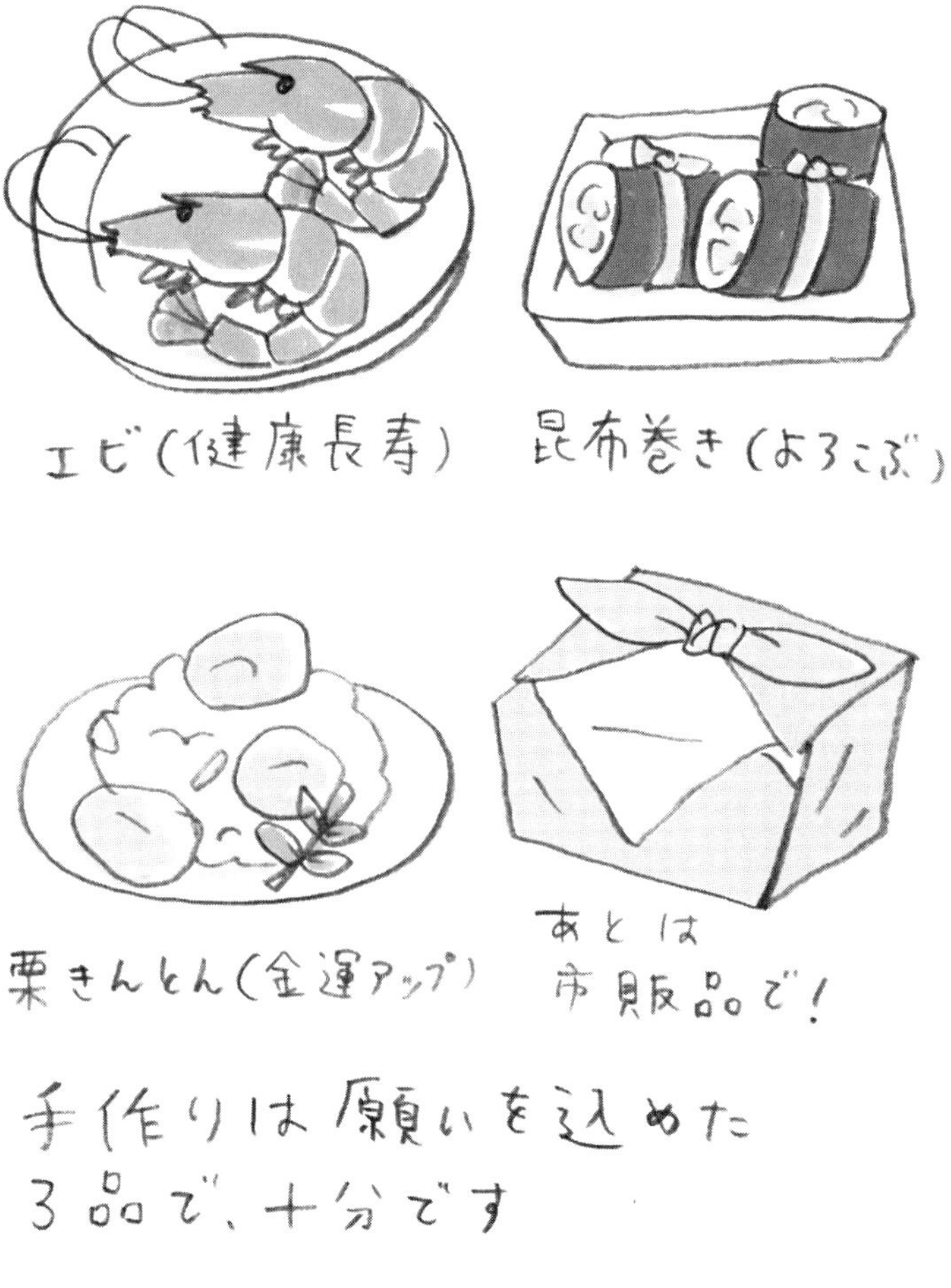
エビ（健康長寿）
昆布巻き（よろこぶ）
栗きんとん（金運アップ）
あとは
市販品で！
手作りは願いを込めた
3品で、十分です

――手を合わせるだけでも、あなたの中に故人が根付く

52 法要じまい

「住職さん、今年は回忌法要ですが、命日の前に入院することになったので、拝んでおいてもらえますか」とお布施をいただくことが、年に数回あります。
私は「わかりました」とお返事をして、命日の朝にしっかりお経をあげます。

新年にお寺から、その年の回忌法要のお知らせをするようになって、二十年になります。あるとき、檀家から「法事をつい忘れてしまうことがあるので、知らせてくれると助かるのですが」と言われたのがきっかけでした。それまでは、そんな通知を出せば法事を強制するようで、遠慮していたのです。

しかし、高齢化による体調不良や核家族化、親戚づきあいの疎遠化、少子化などにより、昭和の時代に当たり前だった、親戚が大勢集まって飲食する法事の形態は大きく変化しました。

そこに拍車をかけたのが、新型コロナ感染症のパンデミックです。

私が住職をしているお寺では、参列者が数人から十人くらいの法要が大半を占めるようになりました。通夜のお経の後に行われる通夜振る舞いで、飲食しながら故人の思い出を語りあう親戚も減り、通夜なしの一日葬も珍しくありません。

ですから、**現在の一日葬や、家族だけ、あるいは施主一人だけで行う法事を「そういうもの」と、半ば当たり前に思っています**（もちろん、心おだやかになる仏教の教えをお伝えしたいと思っている私のような住職にとっては、話を聞いてくれる参列者が多いにこしたことはありませんが）。

つまり、故人の回忌法要に人が集まらないのは、もはや恥ずかしいことでもな

欄外から一言！

選択肢は一つではありません

ければ、情けないことでもないのです。

もともと、葬儀をはじめとする年回の法要などは、故人の命の重さをわかっている人が参加し、故人を偲《しの》ぶ場です。

参加できなくても、それぞれが仏壇の前で手を合わせたり、お墓参りをしたりすれば、亡き人との縁が弱まることはなく、**自分の生き方の中に故人（の思い出や影響力）が根付いて、それぞれの命を何倍にも膨らませる**ことになります。

お寺は檀信徒からのお布施で維持、運営されているので、お布施がないと住職が生活できずに不在になったり、建物の修繕ができなかったりしますが、経済的に厳しい状況になることがあるのは、檀信徒も同じです。

故人のため、お寺やお墓存続のために、あなたのできる範囲でおやりになればいいでしょう。どうぞ、住職に遠慮なく事情を話して、相談してみてください。

悼《いた》む気持ちさえあれば
法要の形にとらわれる必要はない

—仏壇や位牌の意味と、しまい方

53 仏壇・位牌じまい

まるで織物の縦糸のように、自分の命をこれまでつなげ、人生を紡がせてくれてきた先祖たち——その依代《よりしろ》が位牌です。

この世の役割が残っている私たちは、亡き人たちの冥福を祈るのが精一杯。そこで、故人たちの面倒をみてもらい、心おだやかな世界に導いてくれる存在が必要になります。それが、真理を象徴した仏さまで、その仏さまを祀《まつ》る仏壇は、お寺の本堂のミニチュア版という位置づけです。

位牌だけ祀られて、中央奥に仏さまが不在なら、仏壇ではなく位牌壇です。

亡き人をホトケと呼ぶことがありますが、この場合は、この世のさまざまなしがらみから解放され、心がいくらか自由になり、仏（いつでも、どんなことがあっても心おだやかになった人）の境地に一歩近づいた人という意味になります。

しかし、さまざまな理由で、親や知り合いの自宅にある仏壇が不要になり、その処理をしなければならないケースがあります。

その場合、**仏壇そのものは仏具店に引き取ってもらいましょう**。

かつてはお寺でお焚《た》き上げをしてもらっていましたが、多くの自治体で有害物質を除去できないという理由や、あるいは近隣への煙害から、一般的な焼却炉が使用できなくなりました。美術工芸品と言ってよいほどの仏壇を産業廃棄物として廃棄するのは気が引けますが、いたしかたありません。

単に仏の形をした木像や、紙に描かれている絵を拝む対象にする作法を、開眼《かいげん》供養といいます。ここでは逆に、**単なる木に戻す閉眼の作法、俗に「魂抜き」と呼ばれる供養を行いますが、それはお寺に頼むか、仏具店に相談しましょう**。

欄外から一言！

ひとり咲き、ひとり散るのではない

位牌は、仏式なら菩提寺《ぼだいじ》に、遠方なら近所のお寺に納めてください。神道の位牌に当たる霊璽《れいじ》も、神社へ納めればお焚き上げをしてくれます。このお焚き上げも、依代としての機能を終わりにする閉眼作法の一つです。お布施（神道では祭祀料《さいしりょう》）は、遠慮なく聞いていただいて問題ありません。

他によくある位牌に関する相談の答えを付しますので、参考にしてください。

・仏壇の中に多くの位牌がある場合は、三十三回忌を過ぎた故人を「先祖代々」の位牌一つにし、個別の位牌はお寺に納めます。ただし、**三十三回忌を過ぎた故人でも、実際に会い、話したことがある人の位牌はなるべく残しましょう。**

・位牌はその家の歴史そのもの。**戒名、命日、俗名、享年などを写真に撮るなり、メモに書いて保存しましょう。**故人とあなたの関係を書くのもお忘れなく。

・位牌に故人の魂は宿っていません。位牌や墓は、**面会用の窓**と考えましょう。**その窓の前で手を合わせれば、亡き人が向こう側に来てくれる**のです。

閉眼供養を行い
依代としての機能を終える

――やむを得ず墓を閉めるときの心構えと作法

54 墓じまい

跡継ぎがいない、高齢や遠方でお墓の管理が大変などの理由で、墓じまいをする人が増えています。後世の人に負担をかけないように、自分の代で一つの決着をつけるのは立派な責任感だと思います。

ある時期から檀家と連絡が取れなくなり、十年以上誰もお参りする人がいない墓もあります。檀家のお墓を管理している住職の立場から申しあげれば、朽ちるように古くなっていく墓は、お寺としてどうしてよいか対処に困るのです。

そこで、「墓じまいはどうすればいいのだろう」と悩んでいる方に、禍根を残さないための具体的な方法をお伝えしています。

1、お墓に入っている故人の縁者に、墓じまいを考えていることを伝えます。

少なくとも、自分の伴侶や子どもたち、自分と伴侶それぞれのきょうだいには伝えましょう。あなたが墓守《も》りをあきらめても、それらの縁者が「それなら私がやります」と名乗りをあげてくれることがあるからです。

2、お墓の管理者に、墓じまいの方法と諸費用について相談しましょう。

お墓には地域の墓地、霊園、寺院の境内などによって管理者がいます。

昔からある地域の墓地なら、管理しているのは地元の人かお寺でしょう。霊園なら運営団体や組合が、寺院の境内にあるなら住職が管理者です。

お墓を撤去したり、移転したりする場合は、お墓の周囲の掃除などでお世話に

欄外から一言!

後から来る者のために、泉を清く保つ

なった墓地の世話人やお寺に、手みやげのお菓子などを用意すると丁寧です。

3、墓じまいをしたあとの遺骨の居場所を確保しておきましょう。

「遺骨はもういらない」と思っても、どこかに捨てるわけにはいきません。法律で、遺骨は公的な埋葬許可書とセットになっています。

そうしないと、殺人死体遺棄事件と区別がつかないからです。

最近では、後継者がいる別のお墓に納めることも多くなってきました。いわゆる「両家墓」で、後継者と血縁関係があってもなくても構いません。

お寺の墓地の場合は、もとは別のお墓に入っていた人だから供養しなくていいというわけにはいきません。

両家墓になれば供養する故人が増えますが、故人たちはお寺の本尊さまに面倒をみてもらえるので、放ったらかしにしておく負い目は感じなくてすみます。

4、保管期間を決めましょう。

永代で保管してくれるところは、寺院を含めて多くなってきましたが、永代といっても永遠ではありません。

十年間、三十三回忌、寺や業者などの運営母体が存続するかぎり、現在の住職が存命中など、費用なども含めて納得できる保管期間を選びましょう。

くり返しになりますが、自分の代で墓じまいすることに負い目を感じる必要はありません。

墓じまいをしても、先祖がいて今の自分がいる、その〝おかげ〟を感じて生きていくことが、先祖を大切にしているということなのです。

欄外から一言!

「おかげさま」を感じることが、
幸せへの第一歩

墓じまいをしても
先祖を大切にする気持ちは変わらずに

コラム 6

人はなぜ、お風呂に入ったときに「ゴクラク、ゴクラク」とつぶやくのか

「南無阿弥陀仏《なむあみだぶつ》」「な（ん）まんだぶ」「なまんだ」など、日本でその名をもっとも多く唱えられている仏さまが、阿弥陀如来《あみだにょらい》です。日本では、おもに人が亡くなってから行く来世を担当してくれる仏さまとして、信仰を集めてきました。

テーマパークにいくつものエリアがあるように、仏さまにもそれぞれ自分の世界があり、それらは浄土《じょうど》と呼ばれます。観音さまは普陀落《ふだらく》浄土、薬師如来は瑠璃光《るりこう》浄土が担当エリアといった具合です。

そんな浄土の中でひときわ有名なのが、はるか西の彼方にあり、阿弥陀さまが教主をつとめる〝極楽浄土〟でしょう。

そこは、七宝で埋めつくされ、一年中花が咲き、鳥がさえずり、快適で衣食住が整えられている、文字通り〝極めて楽〟な夢の国です。

私たちは日常の生活をするのに精一杯なので、この世ではなかなか仏道修行ができません。そこで、次は極楽浄土に生まれ、心ゆくまで修行をしたいと願いました。そんな極楽浄土へのパスポートが、阿弥陀さまの名前を唱える念仏なのです。

私が住職をしているお寺に阿弥陀さまは祀《まつ》られていませんが、そんな私でも、つい「極楽」とつぶやくことがあります。夜、湯船に身をしずめたときです（不思議なことに「極楽」を二回くり返します。平成以降生まれの人は言わないそうです）。

お風呂に入ると、なぜ極楽と言ってしまうのだろうと考えた結果、〝着るものを含めて、何も飾りをつけていないからだ〟とわかりました。

人よりいい暮らしがしたい、人からよく見られたい、そんな欲や見栄などの飾りをすべてはずした状態が、心も体も〝極めて楽〟な状態なのだ――と。

それを知っている潜在意識が、入浴の解放感で意識の表層にあがり、「ゴクラク、ゴクラク」と言わせているのでしょう。

今晩のお風呂で、それを確かめてみてはいかがでしょうか。

あとがき

雨上がりに、老僧が二人の若い弟子を従えて歩いていました。
すると、行く手の道幅いっぱいに、大きな水たまりがあります。
その手前で、若い娘が向こう側に渡れず思案に暮れていました。

それを見た老僧は、娘のそばまで行くと、こう言います。
「お困りのようですな。私がおぶって向こう側へ運んでさしあげましょう」

老僧は草鞋《わらじ》を脱いで娘をおぶると、ジャブジャブと水たまりを歩いて渡りました。

老僧の背中からおりた娘は、丁寧に頭を下げてお礼を言うと立ち去りました。

弟子たちはその様子を見て、呆気にとられたように顔を見合わせ、あわてて老僧を追います。

しばらく行って、弟子たちの様子がおかしいと感じた老僧は、ふり返って尋ねます。

「どうした。何か気になることでもあるのか」

すると弟子の一人が、言いにくそうに口を開きました。

「お師僧さま。先ほど若い娘を背負われましたが、出家の身としてあのようなことをされるのは、いかがかと存じますが」

それを聞いた老僧は、笑いながら答えました。

「あはは。なんだ、お前たちはまだあの娘を背負っておったのか。わしはとっくにおろしたぞ」

本書の項目の多くでは、この話を思い浮かべながら筆を進めました。

老僧の行為を人助けとして考えられず、戒律に縛られ「それってマズイのではないか」と、いつまでも心にとどめているのが弟子たちの心情です。

本書の「〇〇じまい」の「〇〇」も同じこと。

置かれた状況や重ねた月日などによって、「しまったほうがいい」「手放したほうがいい」ことがあるのはわかっているのです。

しかし、後ろ髪を引かれるように、それがなかなかできません。せっかく、しまおう、手放そうとしているのに、「でも……」「まあ、まだいいか」と後戻りしてしまう。

この状態を私は〝お悩みメリーゴーラウンド〟と命名しています。そこから出るには、「～しようと思っている」という〝願望〟を、「～する」という〝決断〟に進める必要があります。

えいっ！　と、思いきってやってみるのです。

〝はじめに〟でお伝えしたように、ご紹介した項目のすべてをしまい、手放していただこうという意図はありません。

多すぎて邪魔になっている服や食器や置物、買い置き、いつか使うかもしれないと保管しているものなどのいくつかとお別れする。

大きすぎる家や、場所を取るたんすやサイドボードとの付き合い方を再考する。

あるいは、人との比較や、見栄、自分探し、後悔などの自分を縛っているものを、人生の第四コーナーを回ったところで整理して、軽く流してゴールする。

そのお手伝いができればうれしいのです。

小学生や中学生のときに、教室の前の壁に「整理整頓」の標語が貼られていたでしょう。

整理は「乱れた状態にあるものを整え、秩序正しくすること」の意味の他に、「不必要なものを取り除くこと」があります。

一方、整頓は「よく整った状態にすること」で、何かを捨てるという意味は含みません。

本書がお手伝いしたいのは、不必要なものを取り除くことを含めた〝整理〟のほうです。

孫の世代が今日もどこかで歌っている

♪おかたづけ〜　おかたづけ〜　さ〜あさ　みなさん　おかたづけ〜♪（「おかたづけのうた」）

でも口ずさみながら、笑顔で、抱えた面倒ごとをしまってみてください。

その9割を手放しても、罰は当たりません。

真言宗　密蔵院住職　名取芳彦《なとりほうげん》

60歳を過ぎたら
面倒ごとの9割は手放す

我慢してばかりの人生から自由になる54の教え

発行日　2024年11月19日　第1刷
発行日　2025年 2 月19日　第3刷

著者　名取芳彦

本書プロジェクトチーム

編集統括	柿内尚文
編集担当	菊地貴広
デザイン	田村梓（ten-bin）
イラスト	風間勇人
DTP	藤田ひかる（ユニオンワークス）
校正	中山祐子
営業統括	丸山敏生
営業推進	増尾友裕、綱脇愛、桐山敦子、相澤いづみ、寺内未来子
販売促進	池田孝一郎、石井耕平、熊切絵理、菊山清佳、山口瑞穂、吉村寿美子、矢橋寛子、遠藤真知子、森田真紀、氏家和佳子
プロモーション	山田美恵
編集	小林英史、栗田亘、村上芳子、大住兼正、山田吉之、福田麻衣、小澤由利子
メディア開発	池田剛、中山景、中村悟志、長野太介、入江翔子、志摩晃司
管理部	早坂裕子、生越こずえ、本間美咲
発行人	坂下毅

発行所　株式会社アスコム

〒105-0003
東京都港区西新橋2-23-1　3東洋海事ビル
TEL：03-5425-6625

印刷・製本　日経印刷株式会社

Printed in Japan ISBN 978-4-7762-1378-9